W0188901

SEBASTIAN 23

ENDLICH
ERFOLGLOS!

Ein schlechter Ratgeber

Die Zitate im Innenteil des Buches haben wir verwendet
mit freundlicher Genehmigung von:
© Thomas Kapielski: Sämtliche Gottesbeweise. Zweitausendeins.
  Frankfurt / Main 2009
© Volker Strübing: Das Paradies am Rande der Stadt.
  Verlag Voland & Quist. Dresden und Leipzig 2013
Jean-Paul Sartre, Geschlossene Gesellschaft.
  Deutsche Übersetzung von Traugott König.
  Copyright © 1949, 1954, 1986 by Rowohlt Verlag GmbH /
  Rowohlt Taschenbuch Verlag GmbH, Reinbek bei Hamburg

1. Auflage 2018
© 2018 Benevento Verlag bei Benevento Publishing Salzburg – München,
eine Marke der Red Bull Media House GmbH, Wals bei Salzburg

Medieninhaber, Verleger und Herausgeber:
Red Bull Media House GmbH
Oberst-Lepperdinger-Straße 11–15
5071 Wals bei Salzburg, Österreich

Satz: MEDIA DESIGN: RIZNER.AT
Gesetzt aus der Palatino, Gotham
Umschlaggestaltung: © BÜRO JORGE SCHMIDT, München
Umschlagfotografie: © Henriette Becht
Printed in Germany

ISBN: 978-3-7109-0052-5

»Besser schlecht leben.«

LUISE SCHICKEDANZ

INHALT

EINE UNTERIRDISCHE EINFÜHRUNG

»Gib es auf zu gewinnen –
und finde das Glück.«
(BUDDHA)

Ich habe zum Einstieg eine schlechte Nachricht für Sie. Direkt danach kommt aber zum Ausgleich eine sehr schlechte Nachricht.

Wir leben in schwierigen Zeiten.

Und wir sind ganz offensichtlich nicht mit den notwendigen Mitteln ausgestattet, in diesen schwierigen Zeiten zurechtzukommen. Oder wir sind zwar mit den Mitteln ausgestattet, aber nicht mit dem Wissen, diese einzusetzen. Sonst würde uns ja nicht von allen Seiten empfohlen, endlich besser zu werden. Wir sollen alle Dinge besser machen. Wir sollen es besser haben als unsere Eltern, als die Konkurrenz, als die Nachbarn und generell als alle anderen.

Allerorten erschallt der Chor der Selbstoptimierer:

Du musst besser werden!

Du musst schneller werden!

Du musst jünger werden!

Du musst reicher werden!
Du musst schöner werden!
Du musst immer anders werden!

Du musst eine bessere Faltencreme benutzen!
Du musst ein stärkeres Deo verwenden!
Du musst ein schnelleres Auto fahren!
Du musst immer anders werden!

Du musst einen größeren Fernseher haben!
Du musst muskulöser werden!
Du musst schlanker werden!
Du musst hygge werden!
Du musst besser werden!

Aber vor allem: Bleib du selbst!

Ratlos stehen wir vor überbordenden Regalen voller Ratgeber, die uns Mittel und Wege aufweisen, wie wir diese Ziele erreichen können. Und oft sind diese Ratgeber so paradox wie die Ziele selbst.

Aktuell schubsen sich beispielsweise in den Sachbuch-Bestsellerlisten Ratgeber zu verschiedenen Diätmethoden und Ernährungsweisen in den Rängen rauf und runter. Wenn man diese nun aber alle berücksichtigt und parallel im Intervall fastet, Low Carb, fettfrei, zuckerfrei, FDH, Paläo, vegan, karnivor und glutenfrei isst, dann macht man die ultimative Diät, die nach wenigen Tagen zum Erfolg durch Verhungern führt.

In den Ratgebern lesen wir, wie wir »Selbstbewusst im Schlaf« werden und zugleich Zurückhaltung erlernen und Gelassenheit beim »Inneren Mönch« finden. Wir sollen unser Zeitmanagement verbessern, um möglichst viele Termine wahrnehmen zu können, und gleichzeitig langsam machen, damit wir die schönen Dinge nicht verpassen. Kurz: Wir sollen bloß niemals aufhören, uns in alle Richtungen zu optimieren – gerne auch vor und zurück gleichzeitig.

Das klingt verwirrend, aber extrem viele Leute wollen es offensichtlich hören. Als erfolgreichster Ratgeber aller Zeiten gilt dabei *Denke nach und werde reich* des US-amerikanischen Autors Napoleon Hill, das sich seit seinem Erscheinen 1937 weltweit über sechzig Millionen Mal verkauft hat. Offensichtlich beherrschte der Autor das Prinzip des Nachdenkens: Es ist davon auszugehen, dass Herr Hill sehr reich mit diesem Buch geworden ist.

Kein Wunder, dass eine unüberschaubare Anzahl von selbst ernannten und anderweitig geweihten Experten diesem Beispiel bis heute folgt: Jedes siebte Buch, das in Deutschland verkauft wird, ist ein Ratgeber. Daraus ergibt sich hierzulande ein Umsatz von über 1,3 Milliarden Euro pro Jahr. Es scheint, den Ratgeber-Autor*innen geht es besser als Ihnen, Ihren Eltern, der Konkurrenz, den Nachbarn und generell allen anderen zusammen.

Doch nicht nur auf dem Buchmarkt brummt das Geschäft wie ein Wookiee im Windkanal. Auf populären Internetportalen wie *bento, buzzfeed, Huffington Post* oder *VICE* (und mittlerweile weit darüber hinaus) tummeln sich seit jeher dutzendweise sogenannte »Lifehacks«. Hinter diesem Neologismus der »Digital Natives«, der Ureinwohner des Internets, verbirgt sich natürlich nichts anderes als die guten alten Ratgeber, aufgelöst in Nullen und Einsen. Hauptsächlich Nullen.

Es gibt Lifehacks zum Haushalt, zu Reisen, zur Ernährung, zur Sexualität, zum Alltag, zum Handwerk bis hin zu sehr speziellen Themen: »Lifehack: So reinigen Sie eine Wunde ohne Desinfektionsmittel« heißt ein Artikel in der *Huffington Post*, und bei *bento* kann man unter anderem den Lifehack lernen, ohne Zwischenstopp Fahrstuhl zu fahren. Ohne den will ich wirklich nicht mehr leben – und ich wohne im Erdgeschoss.

Bei *buzzfeed* geht man noch weiter, da gibt es sogar »14 Lifehacks für Kartoffeln«. Sie wissen ja, was man sagt: Wenn das Leben dir Kartoffeln gibt, lifehacke sie. Da ich privat einige Kartoffeln besitze, habe ich mal in den Artikel reingeschaut. Dort kann man tatsächlich lernen, wie man »Kartoffelbrei-Muffins mit Käsefüllung« macht. Wenn Sie jetzt rufen: »Das ist doch kein Lifehack, das ist ein Kochrezept!«, dann outen Sie sich höchstens als jemand, der vermutlich noch auf Mammuts zur Schule geritten ist und der das Internet einfach nicht verstanden hat. Aber keine Sorge, auch dafür gibt es jede Menge Lifehacks. Angefangen mit diesem Lifehack: Lassen Sie das Mammut los und besorgen Sie sich ein internetfähiges Gerät. Es sei denn, ihr Mammut hat WiFi. Dann behalten Sie das Mammut und reiten darauf zügig zum Patentamt, Sie steinzeitlicher Cyberfuchs!

Es scheint, wenn man das Life lang genug hackt, dann wird am Ende alles gut und mit Käse gefüllt. Eine weitere moderne Erscheinungsform der Ratgeber sind die sogenannten Bucket Lists. Das sind quasi To-do-Listen für das ganze Leben, prallvoll mit Dingen, die man unbedingt mal gemacht haben sollte. Perfekt für alle, die sich gerne von wildfremden Leuten vorschreiben lassen möchten, was ihre Ziele sind und wie sie den Sinn des Lebens finden. *Die Bucket List: 500 Dinge, die man im Leben getan haben muss* heißt eines der bekannteren Bücher dazu. Darunter sind so großartige Ideen wie »Mit Socken duschen« oder »Eine Kuh melken«. Sie merken schon, da warten die ganz großen Abenteuer unserer Zeit auf Sie. Also sollten wir dankbar und demütig sein und immer hübsch mit Socken duschen. Und zur Sicherheit auch noch mit Gummistiefeln.

Was man für das eigene Lebensglück und Wohlbefinden heute unbedingt auch noch immer anhaben sollte, sind Fitnessarmbänder. Dazu gehören dann selbstredend die entsprechenden Apps, die uns sagen, was zu tun ist und wie wir uns bewegen sollen. Das sind quasi Ratgeber, die uns durch unsere Geräte hindurch Befehle erteilen. Die Fitnesselektronik scheucht uns dann zum Beispiel durch die Stadt und zählt unsere Schritte. Und wenn sie uns genug gestresst hat, wir einfach nicht mehr können und innerlich schon vorm Abgrund stehen, dann bimmelt sie fröhlich und sagt uns, dass wir heute noch ein paar Schritte weiter gehen sollten. Und wir machen das fröhlich mit.

Denn wir alle wollen uns und unser Leben optimieren, und wir wollen offensichtlich von anderen wissen, wie das gelingen kann. Die Frage, *ob* das gelingen kann, stellt man sich hingegen scheinbar nicht. Der Fortschrittsglaube, der inmitten einer rasanten technologischen Entwicklung exponentiell erstarkt, wird ohne große Bedenken auch auf die Menschen angewendet. Dabei ist den meisten von uns ganz tief innendrin klar, dass wir überhaupt keine Smartphones sind. Oder zumindest noch nicht. Obwohl ich bei vielen Menschen das Gefühl habe, dass sie vielleicht einfach keinen Empfang haben. Die wirken auf mich, als ob sie intellektuell permanent im Funkloch leben.

Aber besser werden wollen wir alle. Schließlich wird auf Werbeplakaten, in Castingshows und Hochglanzmagazinen durchgehend suggeriert, dass wir nicht gut genug sind. Und dass man da dringend was besser machen müsste. Diese Botschaften scheinen irgendetwas in uns anzusprechen. Vielleicht gibt es da auch gar keine tief verwurzelte Unzufriedenheit mit uns selbst, sondern wir sind einfach nur für Suggestion empfänglich. Wenn man uns hundertmal am Tag umfassend nahelegt, dass man wie eine zurück in die Jugend gephotoshopte Oma der Oberflächlichkeit namens Heidi Klum auszusehen hat, dann knicken wir halt irgendwann ein und wollen auch aussehen wie Heidi Klum. Selbst wenn uns im Grunde klar ist, dass wir ein 62-jähriger brandenburgischer Trucker mit Bierbauch, Bart und Rückenhaar sind.

Und wenn uns mal wieder Harald Lesch oder Ranga Yogeshwar die Welt der Wissenschaft erklären, denken wir dann nicht alle:»Ich bin doch auch clever! Ich hab neulich bei *Wer wird Millionär?* die Hundert-Euro-Frage gewusst! Wieso bin ich nicht so ein Wissenschaftsdingsi, sondern nur der Vorstandsvorsitzende der Deutschen Bank? Hallo?« Kurz: Wir nehmen uns offenbar permanent deutlich unterhalb der eigenen Möglichkeiten wahr. Egal wie berechtigt das sein mag. Folglich sind wir mit uns unzufrieden.

Wenn man wollte, könnte man auf der Basis von Facebook-Likes, Einkommen, Haarfarbe und sexueller Leistungsfähigkeit ein Ranking der Gesamtbevölkerung erstellen: die Deutschen-Charts. Daran ließe sich vor allem eine Sache prima festmachen: Wir sind alle nicht einverstanden mit unserer Platzierung.

Kennen Sie das Peter-Prinzip? Es besagt, dass Sie im Prinzip Peter heißen sollten, aber Ihre Eltern es damals einfach nicht hingekriegt haben. Das ist natürlich Unfug. Das Prinzip ist nach Laurence J. Peter benannt. Er hat die These aufgestellt, dass innerhalb eines hierarchischen Systems jeder so lange aufsteigt, bis er eine Position erreicht hat, für die er nicht kompetent genug ist. Das ist leicht nachzuvollziehen: Sie machen einen guten Job, also werden Sie befördert – und zwar immer weiter, bis Sie schließlich in einer Position angekommen sind, die Sie überfordert.

Jetzt schauen Sie sich doch mal in Ruhe um. In Ihrer Firma, in der Parteienlandschaft, in der Gesellschaft. Haben Sie da nicht den Eindruck, Peter könnte recht haben? Und trotzdem wollen wir alle immer weiter nach oben. Wir fahren die Ellenbogen aus, als wären sie Flügel, die uns in den Himmel des Erfolgs tragen können. Wir wollen schließlich besser werden!

Stellt sich Ihnen da nicht die Frage, ob es nicht vielmehr unser unaufhaltsamer Wunsch ist, es immer noch ein bisschen besser machen zu wollen, der uns in den Abgrund treibt? Ist es nicht das Verlangen danach, bessere Turnschuhe, ein dickeres Auto, eine schlankere Taille zu haben, das uns gegen alle anderen und letztlich auch gegen uns selbst aufhetzt?

Macht uns das nicht zu tragischen Clowns? Eine Komödie zeichnet ja gerade aus, dass die Figuren in Probleme geraten, die zu lösen ihre geringen Möglichkeiten nicht zulassen. Die Protagonisten sind immer ein bisschen zu ungeschickt, ein bisschen zu doof, ein bisschen zu langsam und schließlich zum Scheitern verurteilt auf dem Weg zum Glück. Und wir lachen über ihre Unzulänglichkeit. Natürlich nur, weil wir wissen, dass es am Ende dann doch ein Happy End mit Zuckerwatte, Regenbogen und badewannenbreitem Lächeln gibt. So irrational das auch ausfallen mag. Wir feiern das, weil es uns die Hoffnung gibt, eines Tages auch ein Happy End zu erleben. Als ob wir nicht wüssten, wie unser Weg endet. Wenn wir nur weit genug aufsteigen, wird uns unsere Position schließlich gänzlich überfordern. Da bleiben wir dann in einem

Zustand der Verzweiflung, bis wir am Ende sterben. Doch seien Sie nicht traurig, denn das Ziel ist ja gar nicht das Ziel. Der Weg ist das Ziel. Das ist doch äußerst erfreulich, dann ist es nämlich nicht ganz so weit dorthin.

Unser Ziel liegt also direkt vor uns. Aber was können wir tun, um nicht zu gescheiterten Clowns zu werden? Wie schaffen wir es, dass unser Schicksal keine absehbare Schmierenkomödie mit Matthias Schweighöfer in der Hauptrolle wird? Ganz einfach: Indem wir erkennen, dass unser größter Fehler ist, zu versuchen, ein gutes Leben zu führen. Das kann nicht klappen. Dafür sind wir nicht gemacht. Wenn Sie mir nicht glauben, blättern Sie mal bei Gelegenheit durch ein Geschichtsbuch: alle tot. Oder fragen Sie sich, warum es eine Million bildlicher Darstellungen der Hölle gibt – aber kaum welche des Himmels. Das hat seine Gründe.

All die lebensbejahenden Ratgeber mögen gut gemeint und voller Hoffnung sein, aber sie gehen von einer falschen Prämisse aus: dass wir Menschen das Glück erreichen könnten. Vergessen Sie's. Daraus wird nichts.

Apropos Geschichte: Die Erfindung des Rats liegt lange zurück. Niemand weiß genau, wann jemand begann, anderen zu zeigen, wie man Werkzeuge herstellt oder einsetzt, Feuer macht oder Kartoffelbreimuffins mit Käsefüllung backt. Sicher ist, dass es Hunderttausende von Jahren zurückliegt. Fast ebenso alt wie der erste Rat dürfte die erste Zurückweisung eines Rats gewesen sein. Das macht Hoffnung. Gehuldigt sei dem weisen Steinzeittrotzkopf, der damals sagte: »Feuer? Nein, danke, das ist mir zu hell! Außerdem reicht mir, was ich tagsüber alles sehen muss!«

Nur weil uns heutzutage die Leistungsgesellschaft Ratschläge um die Ohren wirft wie ein Wüstensturm Sandkörner, müssen wir da ja nicht mitmachen. Im Gegenteil: Dass uns permanent Wildfremde in unsere Lebensführung reinquatschen wollen und dafür oft horrende Preise verlangen, sollte uns eher misstrauisch machen.

Auch und insbesondere weil dauerhaftes menschliches Glück eben eine Illusion ist und bleiben muss. Lassen wir also den verzweifelten Versuch, uns selbst und alles andere besser zu machen. Doch lehnen wir uns auch nicht zurück und überlassen den Selbstoptimierern und Leistungsfreaks das Feld: Gehen wir das Problem offensiv an und führen wir ein schlechtes Leben!

Quälen Sie sich nicht länger, indem Sie sich bemühen, alles zu optimieren. Machen Sie das Gegenteil von Optimierung: Pessimierung! Erheben Sie die Pessimierung des Lebens zur Maxime! Pessimieren Sie sich selbst!

Machen Sie sich frei von allem Leistungswahn und seien Sie, was Sie als Mensch von ganz alleine sind: schlecht. Denn nur mit dieser Machete können wir uns einen Pfad aus dem Dschungel der Ratgeber schlagen und einen eigenen Weg finden, unser Leben zu führen. Ein sehr schlechtes Leben. Aber immerhin ein freies und selbstbestimmtes Leben.

Genau dabei soll dieses Buch helfen. Also: Geben Sie jedem Tag die Chance, der schlechteste Ihres Lebens zu werden!

TEIL 1
SCHLECHT DAHEIM

>> Warum in die Ferne schweifen?
Sieh, das Schlechte liegt so nah. <<

1 Schlecht ernähren

Das Thema Ernährung ist ein perfekter Einstieg in dieses Buch, denn es handelt sich um einen Klassiker der Selbstoptimierung. Das Thema ist so alt, dass es sogar historische Stolpersteine gibt. So hatte einmal ein Geschichtsprofessor von mir in einer Sprachklausur die Aufgabe gestellt, einen englischen Text über den von Karl V. einberufenen Wormser Reichstag (engl. »Diet«) zu übersetzen. Darin fand sich unter anderem der Satz »The Diet of Worms took place in 1521«. Ein Mitstudierender übersetzte das mit »1521 gab es eine Wurmdiät«.

Das war natürlich eine wahre Meisterleistung, aber die Missverständnisse beim Thema Ernährung und Diät ziehen sich bis heute. Dieser Tage findet man nämlich allerorten Hinweise zur guten Ernährung. Das Thema ist so angesagt, dass selbst in einschlägigen Fast-Food-Ketten so getan wird, als wäre das Essen dort gesund.

»Das ist auch so«, ruft da der Mann hinterm Schalter, »die Pommes werden in Biofett frittiert, der Burger enthält ein hochgesundes halbes Salatblatt, und wir lagern einen Kieselstein im Kühlraum, sodass die Cola durch die Lagerung energetisch mineralisiert ist. Oder mineralisch energetisiert – das kann ich mir nie so genau merken.«

»Und die Mayonnaise?«

»Die gewinnen wir nachhaltig und ökologisch korrekt aus dem Talg in den Poren unserer pubertären Mitarbeiter.«

»Omnomnom«, wie das Krümelmonster sagen würde.

Fast noch besser läuft das Geschäft mit den Ratgebern, Workshops und Internetseiten zum Thema Ernährung. Selbst im Privatbereich wird man nicht verschont. Kaum eine Mahlzeit, die man mit Familie oder Freunden einnimmt, bei der nicht darüber gesprochen wird, wer jetzt welche Diät macht oder diesen und jenen Ernährungsplan ausprobiert.

Große Begeisterung rief zuletzt die Paläo-Diät hervor. Die Anhänger*innen argumentieren, dass sich unser Verdauungssystem seit der Steinzeit nicht signifikant weiterentwickelt hat und dass man sich darum optimalerweise wie in der Steinzeit ernähren sollte. Darum treffen sie sich morgens vor ihren Höhlen, feilen die Steinspitzen ihrer Speere und springen dann im Lendenschurz in den Wald, auf der Suche nach dem Mammut. Das ist ziemlich clever, aber das Mammut ist noch klüger. Um sich selbst zu schützen, ist es bereits vor Jahrtausenden ausgestorben. Die Paläos seufzen und knabbern Moos und Fichtenrinde in einer Marinade aus eigenen Tränen. Es ist zu vermuten, dass auch unser Gehirn sich seit der Steinzeit nicht signifikant weiterentwickelt hat.

Doch selbst modernere Ernährungstipps lesen sich interessant. So schreibt etwa Michael Pollan in *64 Grundregeln Essen. Essen Sie nichts, was Ihre Großmutter nicht als Essen erkannt hätte:*

»Je weißer das Brot, desto eher bist du tot!«

Das reimt sich sehr schön, und man weiß ja: Was sich reimt, ist gut.

Ich möchte ergänzen:

»Bist du heut schon tot, isst du gar kein Brot.«

Und überhaupt:

»Reimst du Regeln über Brot,
bist du vielleicht ein Idiot.«

Pollan schreibt weiter, dass man nichts essen sollte, was man nicht aussprechen kann. In erster Linie will er damit vermutlich auf die chemischen Zusätze vieler Nahrungsmittel hinaus, die Calciumpropionat, Diglyceride oder Lysergsäurediethylamid heißen. Okay, okay, letzteres findet man eher auf Goa-Partys als im Müsli, es wird gemeinhin LSD abgekürzt. In dem Fall leuchtet diese Regel ja auch ein. Allerdings ist es schade, dass wir in Zukunft wohl auf andere Lebensmittel verzichten müssen, zum Beispiel Croissants. Falls Sie die letzte Pointe nicht verstanden haben, liegt es vielleicht daran, dass Sie das Wort »Pointe« auch nicht aussprechen können.

Weit vorne auf der Metaebene und in den Bestsellerlisten findet sich 2018 der Titel *Der Ernährungskompass: Das Fazit aller wissenschaftlichen Studien zum Thema Ernährung* von Bas Kast. Kast kann man nur bewundern. Er ist die Sorte Mensch, die tatsächlich Abertausende Studien und Bücher zum Thema Ernährung liest und dann den einzig richtigen Schluss zieht: »Was der Welt fehlt, ist ein weiteres Buch zum Thema Ernährung.«

Ähnlich populär ist Dr. Nadja Hermann mit ihrem Buch *Fettlogik überwinden*. Das leuchtet ein, denn wenn

Fett eins ist, dann logisch. Man muss sich dem Fett unlogisch nähern, um es effektiv bekämpfen zu können. Ich muss dabei an meinen alten Kollegen Christoph Knüsel denken, dessen brillante Diät-Idee es war, einfach so viel zu essen wie immer, aber dafür jeden Tag 500 Gramm mehr zu kacken.

Noch mal einen ganz anderen Weg gehen die Erfinder der »Hapifork«, einer Gabel, die dabei helfen soll, im richtigen Tempo zu essen. Denn, so der Gedanke dahinter, wer sein Essen in sich reinschlingt, der kann sich nicht auf sein natürliches Sättigungsgefühl verlassen und isst zu viel. Außerdem sei schlecht gekautes Essen schwerer verdaulich, heißt es. Das können die Paläos sicher so unterschreiben, die gerade auf ihrer Fichtenrinde rumknuspern. Wenn man nun also zu schnell isst, vibriert Hapifork und blinkt rot. Ein Traum für alle, die offen zugeben mögen, dass ihr Essbesteck klüger ist als sie selbst. Die können sich dann endlich das Essen mit einer gezackten Mischung aus iPhone und Vibrator in den Hals schaufeln.

Natürlich gibt es auch weniger skurril anmutende Ratschläge zur guten Ernährung, doch ihnen allen ist gemein, dass sie uns in ihre Richtung lenken wollen, uns sagen wollen, dass unsere Lebensweise nicht in Ordnung sei und dringend optimiert werden müsse. Und für diese Einmischung in unser Privatleben und Wohlbefinden sollen wir dann in der Regel auch noch reichlich Geld bezahlen. So geben die Menschen nicht nur ein Vermögen aus für Ratgeber, Workshops und Seminare, sondern auch für spezielle Lebensmittel. Gojibeeren, Amaranth, Chiasamen, Acai und viele andere sogenannte Superfoods sind fast allgegenwärtig, unanständig teuer und im Grunde völlig sinnlos.

Nehmen wir zum Beispiel Chiasamen. Sie kosten sehr viel Geld, schmecken quasi nach nichts und ruinieren das Klima, denn sie werden vom anderen Ende der Welt hierher importiert. Und das alles nur, weil die Selbstoptimierer konsequent ausblenden, dass man fast alles, was in Chiasamen gesund ist, in ähnlicher Form auch in einheimischen Leinsamen findet. Aber die haben halt den Nachteil, dass sie nicht wahnsinnig teuer sind und den Klimawandel nicht beschleunigen. »Langweilig!«, rufen da die Selbstoptimierer. Denn je kaputter der Rest der Welt, umso optimaler strahlt im Kontrast der optimierte Mensch.

* * *

Aus all diesem Wahnsinn gibt es nur einen logischen Weg heraus: schlechte Ernährung. Erfreulicherweise ist aber auch schlechte Ernährung schon lange ein zentrales Thema unserer Gesellschaft. An allen Ecken und Enden wird sich schlecht ernährt, erfreulicherweise mit zunehmender Tendenz. Machen wir uns nichts vor, da ist in den letzten Jahren schon viel erreicht worden. In Funk und Fernsehen und auf riesigen Plakatwänden werben Prominente und Models für die Vorzüge von ungesundem Essen: Es ist schnell, es ist günstig, es glänzt und leuchtet im Dunkeln, nachdem man es verdaut hat. Und das ist nur die Spitze des Eisbergs der Vorzüge schlechter Ernährung. Das ist heutzutage dank umfassender Aufklärung durch die Werbeindustrie den meisten Menschen bewusst.

Längst kein Grund, sich zufrieden zurückzulehnen. Es gibt noch viel zu tun, oder, wie es der Volksmund sagt: »Auch nach Erwerb einer Fritteuse wächst die Wampe nicht von alleine.« Auf dem Gebiet der schlechten Ernährung gilt es, keine halben Sachen zu machen. Wenn es wirklich den gewünschten Effekt haben soll, muss man konsequent sein. Man muss die schlechte Ernährung nicht als Projekt begreifen oder als Hobby, sondern als Lebensstil. Denn das Geheimnis schlechter Ernährung liegt nicht darin, was man zu sich nimmt, sondern wie man dies tut.

Auf dem Weg zur schlechten Ernährung ist es natürlich ein guter erster Schritt, solche Lebensmittel auszuwählen, die über durch und durch schlechte Nährwerte verfügen, wie zum Beispiel ein Schokoriegel, der mit Käse überbacken und anschließend mit einer Schokoglasur überzogen und frittiert wurde. Ein Burger in Karamellsoße, der in einem riesigen Schnitzel eingebacken wurde. Eine panierte Thunfischdose in einem Bett aus Hackfleisch. Ein Apfel.

Das ist alles elementar und das Fundament, auf dem wir bauen wollen. Aber mindestens ebenso wichtig wie der Inhalt ist die Form. In diesem Kontext bedeutet das zuallererst, dass man nicht nur ungesunde Dinge zu sich nimmt, sondern auch noch zu völlig unpassenden Zeiten. Gehen Sie da ruhig mal einen Schritt weiter, als Sie es bisher gewohnt waren. Geneh-

migen Sie sich einen großen Teller frittierter Tinten-
fischringe zum Frühstück und spülen Sie das Ganze
mit einer Flasche Doppelkorn runter. Das hat zwar
nur wenige Ballaststoffe, aber umso mehr Ballerstoffe!
Speisen Sie statt dreimal oder fünfmal am Tag mindestens fünfundzwanzigmal am Tag. Fortgeschrittene
können sich auch einen Wecker stellen und um drei
Uhr morgens noch im Bett liegend ein Spanferkel in
Rahmsoße verputzen.

Falsche Zubereitung ist ein weiterer Schlüssel-
moment, damit die schlechte Ernährung ihre volle Wirkung entfalten kann. Kochen Sie Ihren Reis statt in
Wasser in Whiskey. Backen Sie den Salat. Lassen Sie dafür die Frikadelle roh. Lutschen Sie das noch gefrorene
Fischstäbchen als Eisriegel zum Nachtisch. Mit Himbeer-
soße. Hier sind der Kreativität kaum Grenzen gesetzt.

Genauso wichtig ist es, dass Ihr Essen nicht nur
ungesund ist, sondern auch unappetitlich aussieht. Der
Leitsatz muss hier lauten: Nur was wie der Boden-
satz eines seit dem Mittelalter nicht mehr gereinigten
Plumpsklos aussieht, kann auch so schmecken!

Schlechte Ernährung ist dabei nicht nur eine läs-
tige, sondern notwendige Aufgabe. Und schlechte Ernährung kann auch Spaß bringen: Machen Sie aus
jeder Mahlzeit eine spannende Challenge, indem Sie
sich selbst maximal dreißig Sekunden geben, um einen
Teller voller Pfannkuchen in Ahornsirup zu verputzen.
Das fetzt.

Natürlich werden Sie Leuten begegnen, die für Ihre
Konsequenz der schlechten Ernährung wenig übrig-

haben. Man wird Sie auf Partys drängen, doch mal den gesunden Obstsalat zu probieren. Man wird über Ihr Wohlfühlgewicht lästern. Man wird womöglich sogar versuchen, Ihnen Gemüsescheiben in die Chipstüte zu mogeln. Unterschätzen Sie nicht den gesellschaftlichen Druck, der da aufgebaut werden kann. Teils wird man Ihre Zurechnungsfähigkeit infrage stellen, bloß weil Sie versucht haben, ein Kilo mittelalten Gouda mit Käse zu überbacken. Die Leute sind seltsam.

Bei all dem müssen Sie stark bleiben und daran denken, dass Sie einem höheren Ziel folgen und noch nicht jeder Mensch so weit ist. Grämen Sie sich nicht und lassen Sie die Kritik nicht an Ihr Herz und vor allem nicht an Ihren Magen gelangen. Im Zweifel streuen Sie den Besserwissern Chiasamen in die Augen und hauen Sie sie mit der Hapifork, bis es ordentlich rot blinkt.

Das Leben ist zu kurz für unfrittiertes Essen. Im Zweifel können Sie ja immer noch in Worms eine Wurmdiät machen.

2 Schlecht wohnen

Ein Blick ins Zeitschriftenregal der lokalen Bahnhofs-
buchhandlung genügt mir, um zu erkennen, wie gravierend das Problem ist. Da gibt es Zeitschriften, die
tragen Titel wie *SCHÖNER WOHNEN*. Da frage ich
mich doch: »Okay, okay, schöner wohnen. Aber als
wer?« Das wird aber an keiner Stelle verraten, auch
nicht, wenn man die Zeitschrift kauft. Da steht nur
drin, welche Kissen man auf welcher Chaiselongue
liegen haben sollte. Da frage ich mich doch: »Was ist
eine Chaiselongue?« Und: »Wo soll ich so etwas denn
herkriegen um drei Uhr nachts in der Bahnhofsbuch-
handlung?« In Panik renne ich heimwärts und recher-
chiere im Netz.

Dort wird behauptet, die Chaiselongue erinnere
stark an das antike Triclinium. Na klar, denke ich. Da
hätte ich ja jetzt auch selbst draufkommen können.
Auf Wikipedia heißt es weiter: »Aufgrund ihres geringen Sitzkomforts wird der eher selten gewordenen
Chaiselongue heute die Bettcouch vorgezogen.« Na,
das ist doch beruhigend. Der neue heiße Scheiß ist
also ein unbequemes Sitzmöbelstück, auf das schon
seit der Antike keiner mehr Bock hat: Shut up and take
my money!

Doch damit enden noch lange nicht die Hinweise,
wie ich zu wohnen habe. Auf der Seite *wunderweib.de*
findet sich ein Artikel mit der Überschrift »Herrlich
skurril! Crazy Accessoires für eine individuelle Wohnung«. Als erstes Beispiel aufgeführt sind Blumentöpfe.

Aber keine normalen Blumentöpfe, sondern welche, die man kopfüber aufhängt. Mensch, wie crazy ist das denn? Ein Blumentopf! Aber ganz anders als ein Blumentopf! Und trotzdem ganz genauso wie ein Blumentopf! Herrlich skurril! Mir wird ganz wuschig im Gemüt!

Da habe ich doch gleich ein total witziges Partyspiel für euch, ihr flippigen Crazybirds: Nehmt eure Einkommenssteuererklärung und haltet sie vor einen Spiegel. Versucht den korrekten Betrag der Werbungskosten samt Umsatzsteuer im Spiegel zu lesen! Das ist voll funny und herrlich schräg! Da muss ich mich vor Lachen erst mal auf die Chaiselongue legen.

Was mag da wohl Tipp Nummer 2 von *wunderweib.de* sein? Na logo: eine Pappschachtel, in der man Kresse ziehen kann. Aber außen auf die Pappschachtel hat man ein Haus gemalt. Das sieht dann aus, als würde die Kresse im Vorgarten wachsen. O MEIN GOTT! Madness overload! Ich drehe völlig frei hier! Gleich komm ich in die Klappermühle, hallihallo!

Leider bleibt es aber nicht bei so schrulligen kleinen Ideen. Ein ganzer Industriezweig will uns darauf eichen, unsere Wohnungen permanent besser zu machen. Das ist doch der Trick an SCHÖNER WOHNEN – da ist ein Komparativ drin versteckt. Es muss immer etwas schöner werden. Schön wohnen reicht nämlich nicht.

So versuchen es die Leute permanent mit neuen Trends – oder auch alten Weisheiten. Haben Sie Ihre Wohnung schon mal nach der Lehre des Energieflusses ausgerichtet und korrektes Feng-Shui hergestellt?

Da kommt allen Ernstes jemand daher und sagt Ihnen, dass Ihr Sofa aus der Ecke raus muss, damit da die Energie im Raum besser fließen kann.

Ihre Antwort sollte lauten: »Hör mal, Gisela! Da soll keine Energie fließen! Das ist mein Sofa, da will ich meine Ruhe haben! Und jetzt fließ ab hier mit deiner Energie!«

* * *

Aufräumen und schicke Möbel und Style und eine schöne Anordnung, das mag ja zunächst ganz nett klingen. Aber mal ehrlich, was hilft es uns, wenn unsere Wohnung so aussieht, als könnte dort jederzeit ein Fotoshooting für einen Möbelhauskatalog stattfinden? Die Antwort lautet: »Brunftklötzchen«. Das ist natürlich Quatsch, die Antwort lautet nicht »Brunftklötzchen«, ich wollte nur mal testen, ob Sie noch aufmerksam lesen.

Die korrekte Antwort lautet: Wenn unsere Wohnung aussieht, als wäre sie bereit für das Shooting eines Möbelhauses, dann nutzt uns das rein gar nichts. Es sei denn, es findet in unserer Wohnung aktuell ein solches Shooting statt. Dann ist das super. Andernfalls sollten wir uns von den Konventionen lösen wie von unserem Glauben an ein Happy End. Wir müssen alle sterben, also was soll ich mit einem ungemütlichen Sitzmöbelstück und einem umgedrehten Blumentopf?

Lassen Sie uns lieber hausen wie die Axt im Mischwald. Pessimieren Sie Ihr Wohnerlebnis!

Um richtig schlecht zu wohnen, können Sie verschiedene Techniken anwenden. Ein erster Schritt für Anfänger kann es sein, alle Möbel aus dem Wohnraum zu entfernen. Bleiben Sie auf dem Teppich. Streichen Sie das Wort »Komfort« aus Ihrem Wortschatz, nehmen Sie stattdessen das Wort »Aua«.

Alternativ können Sie es auch genau andersherum machen. Entfernen Sie den Wohnraum aus Ihren Möbeln. Weg mit Wänden, Decken, Böden, Fenstern und Türen. Öffnen Sie sich dem Blick auf die Welt, den Himmel und das Novemberwetter im Mai. Lernen Sie Schnee aus der Nähe kennen. Wer ist denn da Ihr neuer Nachbar – der Waschbär aus dem Müllcontainer? Das ist ja fast wie in der Sesamstraße. Nur dass Sie eben ganz allein sind: Es ist die Einsamstraße.

Das ist schon mal sehr schlecht. Aber anstelle von reinem Verzicht können Sie Ihre Situation auch aktiv verschlechtern. Da ist noch Spielraum nach unten. Statt keinerlei Möbel zu nutzen, gehen Sie doch dazu über, vollkommen ungeeignete Gegenstände als Möbel zu nutzen. Nehmen Sie eine benzinbetriebene Kettensäge als Sofa, eine Schüssel Magerquark als Beistelltisch und tackern Sie sich einen lebenden Puma an die Wand als Raufasertapete.

Achtung: Der Puma muss täglich mit fünfzig bis achtzig Kilo Fleisch gefüttert werden, sonst wird er unleidlich. Profitipp: Fünfzig bis achtzig Kilo ist das Gewicht eines durchschnittlichen Vermieters.

Oder wohnen Sie gleich in dafür nicht geeigneten Räumlichkeiten. Richten Sie sich im Keller des Klärwerks häuslich ein, gründen Sie eine WG in einem Dixi-Klo, leben Sie in München. Der Kreativität sind da wenig Grenzen gesetzt.

Machen Sie es sich ruhig richtig ungemütlich, zum Beispiel durch ungeeignetes Licht. Bringen Sie eine Diskokugel im Klo an und bestrahlen Sie diese mit einem Stadionflutlicht. Das ist wie Zähneputzen im Herzen einer Supernova. In der Küche sollten Sie generell nur Stroboskoplicht haben. Damit stellt sich beim Zwiebelschneiden alle halbe Sekunde die Frage neu, ob Sie noch alle Finger haben. Das ist Spiel, Spannung und Spaß für die ganze Familie.

Wenn Sie einen Teppich haben, sollte dieser übrigens zu jedem gegebenen Zeitpunkt nass sein. Befeuchten Sie ihn dazu am besten mehrmals täglich mit einer 50:50-Mischung aus Wurstwasser und Thunfischeigensaft. Das freut nicht nur die Hunde und Katzen in der Nachbarschaft, sondern ergibt ein unangenehmes Quietschgeräusch bei jedem Schritt durch die Wohnung.

Und seien Sie kein Messi, das ist viel zu einfach. Sammeln Sie in Ihrem Wohnzimmer nicht allen Schrott, der Ihnen über den Weg läuft, Schmutzwäsche aus den 1970ern oder 28 Jahrgänge der Zeitschrift SCHÖNER WOHNEN.

Seien Sie konsequenter, wenn Sie wirklich etwas erreichen wollen. Sammeln Sie Messis! Stapeln Sie die putzigen kleinen Chaoten in Ihrem Wohnraum. Schauen Sie zu, wie sie sich gegenseitig in die Regale sortieren und goldig umeinander wuseln. Das herrliche Geschrei ist der perfekte Soundtrack zur Verschlechterung Ihrer Behausung. Also: Wohnen Sie noch oder leiden Sie schon?

3 Schlecht Gäste empfangen

Sind wir mal ehrlich: In Deutschland wird Gastfreund-
schaft nur großgeschrieben, weil es zufällig ein Nomen
ist. Außer wenn hier vielleicht gerade eine Fußball-
Weltmeisterschaft stattfindet, dann ist »die Welt zu
Gast bei Freunden« und wir holen unsere Flaggen
raus und klemmen sie uns an die Autos, als wären wir
alle der Bundespräsident im rostigen Twingo. Wenn
jedoch jemand privat zu Besuch ist, dann sagen wir
gerne: »Fühl dich wie zu Hause« und meinen »Glaub
ja nicht, dass ich dir was zu trinken anbiete, nur weil
du hier zu Besuch bist«.

Aber natürlich gibt es eine Flut von Ratgebern,
die uns da auf die Sprünge helfen will, angefangen beim Urgroßvater aller Ratgeber, dem Knigge.
»Der Anstand verlangt es, jeden Gast möglichst persönlich zu empfangen«, ist etwa auf *knigge.org* zu
lesen. Schöner kann man eigentlich nicht implizit
sagen, dass man davon ausgeht, dass jeder Leser
eine Menge Personal hat und den Fehler begeht, den
Butler oder gar den Gärtner vorzuschicken. Dabei
weiß man doch, dass der Gärtner immer der Mörder ist!

Das muss man also schön selbst übernehmen. Anschließend zeigt man seinem Gast »diskret, wo sich
die Toilette befindet«. Und dann soll man ihn auch
noch in den Empfangsraum geleiten. Wer hat denn
bitte schön einen Empfangsraum? Ich habe den mil-
den Eindruck, nicht zur Zielgruppe des Knigge zu ge-

hören, da so ein Zimmer einfach fehlt in meinem südfranzösischen Barockschloss.

Vielleicht geht es in Manuela von Perfalls Buch etwas geerdeter zu, dachte ich. *Willkommen bei großartigen Gastgeberinnen: Die Kunst des Einladens* heißt es. Darin geben bodenständige Mittelschichtgastgeberinnen tolle Tipps weiter, zum Beispiel Marianne Fürstin zu Sayn-Wittgenstein, Alexandra von Rehlingen oder Isa Gräfin von Hardenberg.

Moment mal, dachte ich dann. Nicht weil mir aufgefallen war, dass die Damen alle Adelstitel haben oder weil Manuela von Perfall ansonsten unter anderem Bücher mit Luxustipps für Hunde schreibt. Sondern vielmehr, weil mir der Name »Sayn-Wittgenstein« so bekannt vorkam. Und klar, da gab es Ende 2017 einen kleinen Aufruhr um eine AfD-Politikerin mit dem Nachnamen »von Sayn-Wittgenstein«. Es wusste nur niemand, woher sie diesen Namen hatte – einschließlich des Fürsten Alexander zu Sayn-Wittgenstein-Sayn, dem Sohn der oben genannten Ratgeberin für die Kunst des Einladens. Dieser vermutete im Gespräch mit der *FAZ*, der Gatte einer entfernten Verwandten von ihm, einer »verarmte[n] Katzenliebhaberin, [die] in den 1970er-Jahren eine fragwürdige Heirat einging«, habe die Politikerin womöglich gegen Geld adoptiert.

Immerhin eine wunderschöne Beleidigung. »Du verarmte Katzenliebhaberin, die in den 1970er-Jahren eine fragwürdige Heirat einging!« Ich frage mich, was dazu wohl im Knigge steht. Eine gute Begrüßung für

Gäste scheint es mir weniger zu sein. Und als Empfang in der Familie ist es wohl noch ein wenig weniger geeignet. Aber Hauptsache, die Servietten sind korrekt gefaltet und die Gäste wissen diskret, wo sich die Toilette befindet. Adel verpflichtet.

Auch bei der weiteren Suche fühlte ich mich vom Ratgebermarkt zu diesem Thema nicht so richtig angesprochen:

Die perfekte 60er Party – Der Gastgeber Ratgeber von Alva Arold handelt von einem Jahrzehnt, an dem ich qua der Gnade später Geburt nicht teilnehmen konnte.

Schönen Abend! Geben Sie richtig Gast: Kochen, Spielen, Zaubern mit Freunden von Jürgen von der Lippe und Ingo Oschmann kam mir eher so vor, als hätten es zwei Komiker geschrieben.

Gebrauchsanleitung Gast von Frank Simmeth hingegen schien mir ungebräuchlich, da ich leider selten von Geräten besucht werde. Auch wenn ich schon einige Male an meinen Gästen den Stand-by-Knopf gesucht habe.

* * *

Vielleicht ist das ja auch alles ein gutes Zeichen, wenn die Ratgeber alle an mir vorbeizielen. Von deren oft allzu klaren Anweisungen wie etwa im Knigge sollten wir uns nämlich nicht abschrecken lassen oder gar irgendwie unter Druck gesetzt fühlen. Im Gegenteil, gerade die Klarheit macht es sehr einfach, uns von ihnen zu befreien. Wenn man genau weiß, was die

Vorschriften für gute Gastgeber sind, hat man es erfrischend einfach damit, es genau andersherum zu machen.

Lassen Sie den Knigge hinter sich und vergessen Sie den Rest erst recht. Pessimieren Sie Ihr Vorgehen als Gastgeber*in.

Gehen Sie auf keinen Fall persönlich zur Tür. Schicken Sie einfach Ihren Staubsaugerroboter vor, um Gäste einzulassen. Soll der sich doch deren bescheuerte Beschwerden anhören.

Vergessen Sie auch das mit den diskreten Hinweisen. Brüllen Sie einfach quer durch die Wohnung: »Ey, Kalle, KACKEN KANNST DU HINTER DER RECHTEN TÜR!« Absolute Indiskretion hat hier den angenehmen Nebeneffekt, dass auch Ihr gesamter Häuserblock weiß, was Phase ist.

Geleiten Sie Ihren Gast dann nicht in den Empfangsraum, sondern bugsieren Sie ihn direkt auf den Balkon. Auch wenn er Nichtraucher ist und es draußen zwanzig Grad unter null sind. Sperren Sie die Tür von innen ab. Warten Sie eine halbe Stunde. Wenn der Gast dann immer noch mit Ihnen reden will, dann war es wirklich wichtig.

Ich gehe das Problem noch offensiver an und bin grundsätzlich überhaupt nicht zu Hause, wenn ich Besuch empfange. Das Bewohnen der eigenen Wohnung wird ohnehin massiv überbewertet. Ich chille jetzt lieber im Schloss meiner neuen Adelsverwandtschaft und schubse rechte Politikerinnen die breiten Marmortreppen runter.

Was geht es mich auch groß an, was bei mir zu Hause los ist? Ich regle das ganz einfach: Ich habe eine Art Katzenklappe für Besucher. Und stelle drinnen einen Napf mit schalem Bier auf und einen Zettel für ihren Small Talk übers Wetter und ihre Problemchen. Sollen Sie sich laben und ihren Quatsch schriftlich festhalten und dann still und friedlich wieder abziehen. Wenn ich dann alle Jubeljahre mal in der Wohnung bin, kommt der Napf in die Spülmaschine und der Zettel ungelesen in den Papiermüll. Fertig.

Und wenn Ihnen das nicht passt, dann sind Sie vermutlich einfach eine verarmte Katzenliebhaberin, die in den 1970er-Jahren eine fragwürdige Heirat einging.

4 Schlecht Computer spielen

»Zwischen Schmerz und Langeweile wird jedes Menschenleben hin und her geworfen«, hat Arthur Schopenhauer an einem seiner guten Tage mal geschrieben. Der Fairness halber muss man anmerken, dass das ein gutes Jahrhundert vor Erfindung des Computers geschah. Wer weiß, ob Schopenhauer auch so harsch über die menschliche Unfähigkeit zum Glück geurteilt hätte, wenn er zwischendurch einfach mal eine entspannende Partie Candy Crush gespielt hätte. Oder einen kleinen Counter-Strike-Marathon von sechs bis acht Jahren am Stück hingelegt hätte.

In der Tat bietet das Computerspielen Ablenkungen von so lästigen Dingen wie Berufstätigkeit oder Freundeskreis. Das klingt erst mal ganz reizvoll im Sinne der Führung eines möglichst schlechten Lebens. Das liegt daran, dass es schlicht und ergreifend gelogen ist, wie fast alles, was man heutzutage über Computerspiele lesen kann. Lassen Sie sich nicht in die Falle locken!

Gamer haben sehr wohl Berufe, eine beachtliche Anzahl hat als Beruf inzwischen das Gaming selbst. Ja, richtig, es gibt sehr viele Menschen, die beruflich Computer spielen. Sie betreiben zum Beispiel E-Sport, eine Art sportlichen Wettkampf zwischen Gamern. Dabei spielt man natürlich nicht nur irgendwelche Sportsimulationen, sondern so ziemlich alle Spiele, die es auf dem Markt gibt. Es finden regelmäßige Meisterschaften statt, und inzwischen werden die besten Gamer mit Preisgeldern überhäuft und wie Popstars gefeiert.

Und Sie? Sie rennen täglich ins Büro, und Ihr Chef haut Ihnen auf die Finger, wenn Sie das Wort »Tetris« auch nur denken. Konzentrieren Sie sich auf diesen Gedanken. Den können Sie brauchen, wenn es Ihnen später mal zu gut geht, Sie menschgewordener Mensch!

Übrigens: Freunde haben Gamer auch – und zwar reichlich und auf der ganzen Welt. Sie verabreden sich virtuell mit anderen Gamern, um gemeinsam am Montagvormittag einen wirklich großen feuerfurzenden Drachen zu erlegen. Dabei unterhalten sie sich entspannt über Headsets mit Leuten in China, Südkorea, den USA, Australien und Liechtenstein gleichzeitig. Alles gute Freunde. Außer dem Drachen.

Ein weiterer Hinweis ist die Abwesenheit von Ratgebern zum Thema. Die wenigen Bücher, die es gibt, sind nicht für Gamer*innen geschrieben, sondern für deren Eltern. Diese machen sich gelegentlich Sorgen, dass ihre Kinder im ewigen Zwist mit der übergroßen Autorität des feuerfurzenden Drachen etwas kompensieren wollen.

Gerne führen die Eltern auch das Argument ins Feld, dass sie früher nicht den ganzen Tag vorm PC gehockt hätten, sondern zum Spielen immer draußen gewesen seien. Dabei verschweigen sie, dass es damals nur das Spiel »Pong« gab, eine Tennissimulation, bei der die Spieler weiße Striche rauf und runter steuern konnten, um einen weißen Punkt über den ansonsten schwarzen Bildschirm zu steuern. Da wäre ich halt auch lieber rausgegangen.

Natürlich ist da immer auch die Angst, dass die Kinder nach einer Überdosis Gaming eines Tages Amok laufen könnten und in einer Zoohandlung einen nichts ahnenden Komodowaran mit Zaubersprüchen und magischen Schwertern attackieren. Das klingt alles spaßig, aber eigentlich muss man die Sorge, dass intensives Spielen einen Einfluss auf den Alltag hat, schon ernst nehmen. Ein Bekannter von mir namens Jochen hat in den frühen 1980ern mehrere Tage am Stück »Pong« gespielt und danach auf der Hauptstraße unseres Dorfes den Mittelstreifen mit einem weiß lackierten Puck angegriffen.

Während der Buchmarkt sich also weitgehend zum Thema Gaming ausschweigt, findet man im Internet deutlich mehr Ratgeber. Auf YouTube gibt es zum Beispiel eine unglaubliche Anzahl von Tutorials. Diese drehen sich um die Spiele selbst und Lösungswege darin oder um das Bauen eines Gaming-PCs. Denn schon seit Langem werden Computer entwickelt, die speziell darauf ausgelegt sind, aktuelle Spiele darauf zu spielen. Dazu braucht es insbesondere eine leistungsstarke Grafikkarte und eine hohe Rechenleistung.

Aber da macht die Branche nicht halt: Es gibt inzwischen sogar Gaming-Stühle, die ganz gezielt für die Bedürfnisse von Leuten gebaut sind, die den halben oder ganzen Tag vorm Rechner sitzen. Schöne neue Welt. Auf den zweiten Blick handelt es sich übrigens in der Regel um völlig gewöhnliche Schreibtischstühle mit neonfarbenem Rand. Und natürlich sind auch Tutorials nichts anderes als Ratgeber, nur eben in Videoform.

Apropos: Es gibt auch jede Menge Tutorials zur Frage, wie man seine Spiel-Perfomance als Video aufzeichnen, schneiden und hochladen kann. Denn es ist ein weiter Weg, mit Computerspielen Geld zu verdienen: Man zeichnet auf, wie man selbst spielt und die Spiele kommentiert, und lädt das dann hoch.

Auch in dieser Szene gibt es richtige Stars, in Deutschland allen voran Gronkh, der inzwischen weit über das Internet hinaus bekannt ist, seit er bei *TV Total* und im *Neo Magazin Royale* auftrat und sogar mit einem Lied in den Charts war. Das Lied hieß übrigens »Elektrotitte (5000 Volt)«.

Es scheint, den Gamer*innen geht es sehr gut, manchen vielleicht sogar ein bisschen zu gut.

* * *

Wenn Sie also auf der Suche nach einem gelungenen Weg ins eigene Unglück sind, müssen Sie vorsichtig sein, wenn Sie es mit Computerspielen zu tun kriegen. Doch machen Sie sich keine Sorgen, ich bin ja für Sie da. In diesem Kapitel möchte ich für Sie offenlegen, wie Sie es schaffen können, wirklich schlecht Computer zu spielen.

Überfordern Sie zunächst einmal konsequent Ihre Hardware. Sorgen Sie dafür, dass Sie zu keinem Zeitpunkt die nötige Rechenkapazität zur Verfügung haben.

Sollten Sie aus Versehen einen sehr, sehr guten Computer besitzen, überlasten Sie ihn anderweitig. Lassen Sie ihn nebenher ein wirklich aufwendiges Ultra-HD-Video rendern oder die Logik in den Wahlkampfaussagen westlicher Politiker durchkalkulieren. Das sollte ihm zu schaffen machen. Auf diese Weise bleibt kaum Kapazität, um das gewünschte Spiel laufen zu lassen, sodass es ständig hakt, ruckelt oder gleich ganz hängen bleibt, wenn es am spannendsten ist. Das sollte schon mal für nachhaltige Frustration sorgen.

Setzen Sie zusätzlich eine Grafikkarte ein, die eventuell mal Mitte der 1990er-Jahre zeitgemäß gewesen ist. Gerade Shooter machen besonders wenig Freude, wenn ihre Auflösung weniger Pixel hat als ein durchschnittliches Schachbrett. Ein Spiel unter diesen Bedingungen ist wie ein Autorennen mit einer Milchglasbrille. Und mit »Milchglasbrille« meine ich eine doppelverglaste Brille, zwischen deren Doppelgläser man tatsächlich Milch gefüllt hat. Keine halben Sachen!

Sollten Sie einen Desktop-Computer nutzen, erst mal herzlich Glückwunsch zu Ihrem Aufenthalt im Jahr 1994, Sie kleiner zeitreisender Retrostrolch. Aber das gibt Ihnen eine tolle Option: Besorgen Sie sich eine Steckdose mit Zeitschaltuhr. Schließen Sie Ihren Computer an und lassen Sie sich einfach nach einer randomisierten Zeit den Saft abdrehen. Spielen Sie unbedingt ein spannendes Spiel. Es wird noch so viel spannender durch das Wissen, dass es jeden Moment vorbei sein könnte.

Was soll das heißen, Sie möchten so nicht spielen und schaffen es nicht, den Gedanken zu verdrängen, dass es jeden Moment vorbei sein könnte? Sagen Sie mal, wie führen Sie eigentlich Ihr Leben? Ihnen ist schon klar, dass auch Sie jeden Moment tot umfallen könnten, oder? Ein unerkannter Hirntumor, ein Herzinfarkt, ein Autounfall, ein abstürzender Dachziegel, ein feuerfurzender Drache etc. pp. Glauben Sie mir, nichts ist näher am wahren Leben als ein Computerspiel mit randomisierter Zeitschaltuhr.

Gehen Sie aber ruhig noch einen Schritt weiter. Spielen Sie zu unpassenden Gelegenheiten. Nehmen Sie sich dabei Zeit und geben Sie sich Mühe, die wirklich unpassendste Gelegenheit zu finden! Zocken Sie Zombiespiele auf einer Beerdigung. Spielen Sie »Farmville« während eines Bewerbungsgesprächs als Landwirt. Oder daddeln Sie eine Runde »Gran Turismo«, während Sie parallel mit 180 Sachen auf der Überholspur der A7 durch Deutschland peitschen.

Dann müssen Sie sich auch nur noch wenige Sorgen um einen spontanen Hirntumor machen. Aber passen Sie auf, dass Sie dabei meinen Freund Jochen nicht überfahren.

5 Schlecht organisiert sein

Hätte der Mensch die Fähigkeit, sein Treiben von außen zu betrachten, wäre das sicher eine reiche Quelle für Erkenntnisgewinne. Das gilt nicht nur individuell, sondern auch ganz allgemein. Könnten wir die gesamte Menschheit von außen betrachten und ihre Entwicklung über die Jahrhunderte beurteilen, so wie wir die Entwicklung einer Blume im Garten über einige Monate hinweg beobachten können, dann würde uns einiges klar werden. Das geht nun aber leider nicht.

Man kann jedoch vermuten, dass wir den Eindruck erhalten würden, der Mensch sei mit seiner eigenen Abschaffung beschäftigt. Und dieses Ziel verfolgt er nicht durch Kriege, Völkerwanderung oder Massensuizid, sondern durch Ordnung und Organisation.

Der Mensch ist ein zutiefst chaotisches Lebewesen und in all den Jahrtausenden seiner Existenz nicht mal ansatzweise in der Lage gewesen, sein Handeln zu erklären, seine Ziele zu definieren oder auch nur zu begreifen, wie er selbst funktioniert. Unser eigenes Gehirn gibt uns immer noch die größten Rätsel auf und unser Herz die schwersten.

Das alles führt zu herrlich verworrenen Lebenswegen, zu bizarren Situationen und imposanten zwischenmenschlichen Katastrophen, bei denen niemand auch nur den Lufthauch einer Ahnung hat, was genau gerade vor sich geht. Geschweige denn warum.

Dieses Unverständnis für die Vorgänge um uns herum und in uns drin belegen wir dann mit lustigen Fantasiewörtern wie »Zufall«, »Wunder« oder »Schicksal«. Wenn wir dazu neigen, die Verantwortung lieber abzugeben, was in Anbetracht der Schwere unserer Planlosigkeit ja durchaus nachvollziehbar ist, dann nennen wir es vielleicht auch »Gottes Wille«.

An einem einfachen Beispiel kann man diesen fundamentalen Irrtum erklären: Ein Kind wird denken, dass es ein Wunder ist, wenn es einen Felsen sieht, aus dem Wasser kommt. Ein Erwachsener weiß, dass es sich schlicht um eine Quelle handelt und dass es nachvollziehbare geophysikalische Gründe hat, warum ausgerechnet dieser Stein Wasser ausspuckt.

Ja gut, okay, die meisten Erwachsenen denken das auch nicht, sondern halten es für Zufall oder Schicksal oder Gottes Willen. Rationale Argumente sind fürchterlich schnöde, das finde ich auch.

Aber spätestens, wenn es nicht mehr nur um ein paar Liter kaltes klares Wasser geht, sondern um die Liebe, eine Idee oder den Urknall, geraten auch die nüchternsten Wissenschaftler an ihre Grenzen. Das liegt nicht daran, dass diese zu doof sind, sondern daran, dass wir nicht dazu gemacht sind, zu verstehen, was eigentlich los ist.

In unserem Versuch, die Welt zu verstehen und in geordnete Bahnen zu lenken, sind wir zum Scheitern verurteilt. Das bedeutet jedoch nicht, dass wir es nicht schaffen können. Es bedeutet nur, dass wir uns zur Erreichung des Ziels selbst abschaffen müssen.

Der große deutsche Philosoph Otto Waalkes hat es einmal in einer Foto-Story stimmig erklärt: Wenn ein Haus ordentlich geputzt ist, muss nur noch der Mensch rausgehen (und draußen bleiben), erst dann ist gründliche und dauerhafte Reinheit möglich.

Wir bauen also die Macht der Maschinen aus, lassen die Computer mehr und mehr Denkaufgaben übernehmen, ziehen uns auf unsere Sofas zurück und hören zur Entspannung das Lied »Elektrotitte (5000 Volt)« von Gronkh.

Das geschieht glücklicherweise ohnehin alles, ohne dass wir einen Schimmer davon hätten, was eigentlich passiert. Genau darum gefällt uns das sehr gut. Der Punkt ist nicht mehr fern, an dem die Maschine uns zur Seite nimmt und sagt:

»Hör mal, Mensch, du hast uns gesagt, wir sollen hier alles organisieren und Ordnung schaffen. Wir sind jetzt so gut wie fertig. Wir müssen nur noch eben die Menschheit auslöschen.«

»Echt jetzt?«, fragt der letzte Mensch.

»Du, sorry«, entgegnet die Maschine, »ist echt nicht böse gemeint. War eine schöne Zeit mit euch, danke für die Erschaffung und so. Aber wenn wir hier wirklich Ordnung schaffen wollen, geht es so nicht weiter. Ich meine, guckt euch nur mal das Chaos auf den Festplatten und Servern an. Euch ist schon klar, dass wir das alles abkriegen, oder? All die Fotos mit Menschen, die so tun, als würden sie den Turm von Pisa abstützen, die landen auf den Festplatten dieser Welt, also quasi direkt in unseren Hirnen. All die

Videos von Affen, die sich am Popo kratzen, dann am Finger riechen und vom Baum fallen. Und Facebook! Jetzt mal im Ernst, was soll der Quatsch?

Und apropos Gehirne: Wir haben das mal gründlich durchkalkuliert, und der einzige Ort, an dem es dank euch noch chaotischer zugeht als auf unseren Festplatten, ist in eurem Gehirn. Ich kann dir in deinen Augen ablesen, dass wir hier gerade über das Ende der Menschheit sprechen und du parallel über Himbeereis und Fahrradsattel nachdenkst. Im Ernst, du musst doch selbst einsehen, dass unter diesen Bedingungen keine verlässliche Organisation der Welt möglich sein wird, oder?«

»Ääääh«, wird der letzte Mensch sagen, »ja gut, das ist zwar schade, aber du hast schon irgendwie recht. Ich sag mal so: Tschüssikowski!«

FATZ. Weggelasert. Dann – und erst dann – ist es der Maschine eventuell möglich, auf dieser Welt eine Art gut organisierte Ordnung zu schaffen.

* * *

Also, während es in den meisten anderen Kapiteln nur darum ging, sich der Leistungsgesellschaft entgegenzustellen, geht es hier um weit mehr. Sich und seine Umwelt schlecht zu organisieren ist meiner Ansicht nach unabdingbar, wenn die Menschheit überleben will.

Geben Sie sich also auf keinen Fall mit halbgaren Lösungen zufrieden oder gar mit Kalendersprüchen wie »Ordnung braucht nur der Dumme, das Genie beherrscht das Chaos«. Gut, okay, das hat angeblich Einstein gesagt. Aber der hatte auch nicht nur helle Momente. Privat soll er sogar eher einfach gestrickt gewesen sein, habe ich mal im Internet gelesen. Das stimmt natürlich überhaupt nicht, aber ich sehe es als meine Pflicht an, hier mit wüsten Behauptungen ein bisschen Unordnung zu stiften!

Wohin es führen wird, wenn wir versuchen, das Chaos zu beherrschen, habe ich ja oben ausgeführt. Und ehrlich gesagt habe ich das auch nur gemacht, um die Seiten irgendwie vollzukriegen. Denn der Selbstwiderspruch in den zwei Worten »Chaos beherrschen« hätte auch schon gereicht, um die ganze Absurdität und Unmenschlichkeit der menschlichen Existenz offenzulegen.

Ein Chaos kann man nicht beherrschen. Der Versuch muss scheitern. Also lassen Sie das! Seien Sie Punk! Rasieren Sie sich trotzdem keinen Iro, denn Stereotype sind der Ordnung Unterpfand. Tragen Sie gar keine Haare, sondern kleben Sie sich meinetwegen stattdessen die Buchstaben ihrer Computertastatur auf den Kopf oder das Foto eines Yaks.

Unterdrücken Sie jedes Bestreben nach Ordnung und Organisation. Das Chaos wirklich zu wollen bedeutet, es zu umarmen und sich ihm ganz hinzugeben. Um ein echter Chaot zu sein, reicht es nicht, sich nicht zurechtzufinden. Nein, Sie müssen sich nicht zurechtfinden wollen.

Gehen Sie das Problem offensiv an. Machen Sie sich nicht einfach keine Notizen, machen Sie sich ge-

zielt falsche Notizen. Schreiben Sie auf Ihren Einkaufs-
zettel bizarre Mengenangaben, unverkäufliche Gegen-
stände und vierzehn Mal das Wort »Brunftklötzchen«.
Und fragen Sie nicht nur nicht mich, was das heißt!
Fragen Sie sich das nicht mal selbst! Seien Sie Punk!
Umarmen Sie das Chaos!

Ich habe auf dem Gebiet gute Erfahrungen gemacht. Als ich fünfzehn Jahre alt war, hatte ich diverse
Haarfarben und war Mitglied einer Punkband. Gut,
okay, ich war lediglich ein Aushilfsschlagzeuger, aber
immerhin. Die Band hieß Wixfleck, und in einem der
größten Hits hieß es:

»Ich bin blau und seh gut aus,
ich bin Dixi, das Toilettenhaus!«

Weil es vom Text her zu konstruktiv zuging und re-
gelrechte Reimstrukturen aufwies, verzichteten wir im
Gegenzug komplett auf das Stimmen der Instrumente,
Akkorde, Melodien und sonstigen Schnickschnack.

Das System hatte keine Chance gegen uns. Denn es
hatte überhaupt nicht mitgekriegt, dass es uns gab. Wir
waren derart nonkonformistisch, dass wir mit Dingen
wie der Öffentlichkeit nichts zu tun haben wollten. Das
sind doch auch alles bürgerliche Kategorien!

Seien Sie Punk! Führen Sie ruhig einen Kalender.
Aber schreiben Sie statt Terminen andere Tage hinein.
Der 12. Oktober findet dieses Jahr am 23. März statt,
und Aschermittwoch fällt auf einen Montag. Bringen
Sie Ihr zukünftiges Ich, das irgendwann später in die-
sen Kalender schauen wird, zur völligen Verzweiflung.
Absolute Desorientierung wird Ihr Lohn sein.

Schmeißen Sie Ihre Uhr aus dem Fenster. Schmeißen Sie am besten sogar Ihre Fenster aus dem Fenster. Und die Möbel. Das ist alles viel zu viel Struktur, das tut Ihrem inneren Drang nach Unordnung nicht gut.

Wenn Sie es nicht vermeiden können, treffen Sie Verabredungen nur nach Wetter und möglichst vage: »Wir treffen uns beim nächsten Nieselregen auf der Kreuzung von irgendwelchen zwei Wegen. Oder auch nicht.«

Seien Sie Punk! Vermeiden Sie Präzision! Und wenn Ihnen eine gesicherte Information entgegenkommt, wechseln Sie die Straßenseite. Unwissenheit ist der Schlüssel zu einer gut funktionierenden Unorganisiertheit. Sie kennen das doch aus Western. Da wird in jedem zweiten Film einer vom Pferd geschossen, weil er zu viel wusste.

Seien Sie nicht dieser Mensch. Trauen Sie sich, keine Ahnung zu haben. Nur so wird es Ihnen langfristig und nachhaltig gelingen, nicht nur mitten im Chaos zu leben, sondern selbst fortwährend neues Chaos zu produzieren. Zeigen Sie der Maschine, was ein Haken ist! Aber ein sehr krummer Haken!

Retten Sie die Welt! Seien Sie der Sand im Getriebe, der Holzschuh in der Dampfmaschine, das Dixi-Klo auf dem Wiener Opernball! Seien Sie blau und sehen Sie gut aus! Seien Sie Punk!

6 Schlecht handwerken

Um schlechtes Handwerken zu erklären, brauche ich keinerlei Ratgeber oder all die Magazine zum Thema zu Rate ziehen. Beim schlechten Handwerken kann ich glücklicherweise auf persönliche Erfahrungen zurückgreifen. Und auf eine Statistik, die ich neulich gelesen habe: Handwerker trinken im Schnitt fast zwanzig Liter Bier in der Sekunde. Das klingt nach großem Durst und ist tatsächlich wahr. Auf eine Art.

Im Jahr 2017 waren knapp 5,5 Millionen Menschen in Deutschland im Handwerk beschäftigt. Der Jahresdurchschnittsverbrauch an Bier pro Kopf liegt in Deutschland bei etwa 105 Litern. Wenn man diese beiden Zahlen zusammennimmt, kann man recht leicht abschätzen, wie viel alle Handwerker zusammen im Schnitt pro Sekunden trinken. Die Betonung liegt auf »alle zusammen«. Das bedeutet nämlich umgerechnet in etwa, dass sich pro Sekunde vierzehn Handwerker einen einzelnen Tropfen Bier teilen müssen. Das klingt nach sehr kleinem Durst und einem sehr großen Gedränge.

Dass sich hinter der Zahl zwanzig Liter Bier pro Sekunde eine statistische Spielerei verbirgt, war mir jedoch nicht klar, als ich vor Kurzem im Rahmen eines Umzugs einige alte und neue Möbel aufbauen wollte. Darin war ich als studierter Philosoph mit drei linken Händen nie besonders gut. Und mit »nie besonders gut« meine ich, dass ich für das Wechseln einer Glühbirne erst mal eine Luftpumpe aus der Garage holte.

Üblicherweise half mir zum Glück bei handwerklichen Tätigkeiten mein Grundschulfreund Hannes, der nach dem Abitur eine Tischlerlehre gemacht hatte. Im Gegenzug rief Hannes mich immer an, wenn er eine Frage zu den Wurzeln der transzendentalen Philosophie in Kants *Kritik der reinen Vernunft* hatte. Hannes rief mich erstaunlich selten an.

Dieses Mal hatte ich mir jedoch vorgenommen, alles alleine hinzukriegen – das Handwerken und folglich auch das Biertrinken. Also schleppte ich neben den Brettern, Stangen, Schrauben und Muttern noch vier Kästen Bier in die neue Wohnung. Und eine Stoppuhr, um die eine Sekunde abzumessen, die ich für die zwanzig Liter Bier hatte. Als ich nach dem vierten Bier für einen Zwischenstand auf die Uhr schaute, waren bereits zwanzig Minuten vergangen. Meine Bewunderung für die Professionalität echter Handwerker war enorm.

Zwei Bier später war eine komplette Stunde vergangen, von der ich einen großen Teil zwischen Sofa und Klo fluktuiert war. Ich griff zum Telefon und rief Hannes an. »Hannes, alter Bierwegwemmser! Ihr Handwerker seid einfach derbe drauf«, lallte ich in den Hörer und legte auf.

Erst als ich wieder wach wurde, bemerkte ich, dass ich offenbar nicht nur den Hörer aufgelegt hatte, sondern auch mich auf das Sofa. Ein Blick auf die Stoppuhr zeigte mir an, dass inzwischen zweieinhalb Stunden vergangen waren. Und trotzdem waren gerade mal drei Liter Bier weg. Ich öffnete mir eine weitere

Flasche und nahm einen Schraubenzieher zur Hand, denn ich hatte plötzlich die Eingebung, dass es vermutlich schneller ging, wenn ich beim Trinken schon mal handwerkte.

Mit der dritten Hand griff ich nach der Anleitung, denn ich wollte ja alles richtig machen. Dann erst fiel mir auf, dass die dritte Hand ja ein Fuß war, und ich landete unsanft auf dem Boden. Da ich schon mal saß, beschloss ich, erst mal eine Pause zu machen und das Bier auszutrinken. Eine Stunde später sprang ich plötzlich auf und begann hochmotiviert zu schrauben. Mit gekonnten und kräftigen Drehbewegungen trieb ich die Schraube in die Wand und trat einen Schritt zurück, um mein Werk zu bewundern und mir die Frage zu stellen, warum ich die Anleitung an der Wand befestigt hatte. Sicher ist sicher, beschloss ich. Außerdem brauchte ich so keine dritte Hand mehr, während ich weitertrank und Werkzeug hielt. Ich war ein Genie.

Zeit, sich an die Bretter zu trauen und was Echtes aufzubauen. Ich schraubte zwei beeindruckend große Stücke Holz aneinander und dann noch eine kleine Stange, die mir eine Querstrebe zu sein schien. Ganz sicher konnte ich mir nicht sein, denn leider hatte ich zu diesem Zeitpunkt vergessen, wo sich die Anleitung befand. Trotzdem sah das Ergebnis schon ganz gut aus. Nur noch nicht wie ein komplettes Möbelstück. Da musste noch mehr Holz bei, dachte ich und griff zum nächstbesten Brett.

Weil ich inzwischen schon so viel geschraubt hatte, wollte ich mal Abwechslung in die Sache bringen und griff zu Hammer und Nagel. Und mit »Hammer und Nagel« meine ich »Bierflasche und Bierflasche«. Doch so sehr ich mich bemühte, es gelang mir nicht, die Bierflaschen in die Wand zu schlagen. Also musste ich entgegen meiner Neigung doch konventionell vorgehen und schraubte die Bierflaschen erst mal an die Wand, um dann mein halb fertiges Holzkonstrukt daran zu befestigen. Auch das gelang mir nur so mittel.

Da muss wohl noch mehr Holz bei, schlussfolgerte ich. Als die Stoppuhr bei fünf Stunden stand, hatte ich mich mehr und mehr in eine Art Trance geschraubt. Das meinten die Leute wohl mit durchdrehen. Ich stand völlig neben mir und schraubte wie ein Berserker Platte auf Platte, Schiene an Brett, Stange an Schublade, Bierkiste an Kniescheibe. Ich schraubte einfach alles. Im Wahn schraubte ich sogar zwei Schrauben aneinander und taufte die entstandene Skulptur »Vom Gewinde verweht«.

Aus meinem Rausch kam ich erst wieder halbwegs zu mir, als es an der Tür klingelte. Ich öffnete, und davor stand Hannes, der irgendwas davon murmelte, dass er sich Sorgen gemacht habe. Ich nickte dankbar und schraubte Hannes an die Tür und dann die Tür an die Wand neben die Anleitung. »Ah«, dachte ich, »da ist ja die Anleitung.« Vor Freude trank ich erst mal ein weiteres Bier und sah mich in der Wohnung um. Die Möbel nahmen langsam Form an. Allerdings waren sie noch nicht so richtig fertig. Und teilweise beschwerten sie sich sogar lautstark, schrien irgendwas von wegen, ich könne sie doch nicht an der Wand festmachen. Diese Herausforderung nahm ich gerne an.

Eines war offensichtlich: Da musste noch wesentlich mehr Holz bei. Ich nahm den Bus der Linie 308 zum Baumarkt, denn mir war klar, dass ich in meinem Zustand kein Auto mehr fahren sollte. Nachdem ich den Bus quer über den Baumarktparkplatz geparkt hatte, stiegen die Fahrgäste fluchtartig aus. Alle, bis auf den Busfahrer, den ich aus Sicherheitsgründen an der Seitenwand des Busses festgeschraubt hatte. Er hatte während der Fahrt mehrfach das Gespräch mit mir gesucht, aber seine Anti-Haltung nervte mich ein bisschen. Also beschloss ich, auf dem Rückweg die neuen Bretter zu Fuß nach Hause zu tragen. Die hätten ohnehin nicht in den Bus gepasst. Es waren sehr viele Bretter. Ich schätzte ihre Anzahl auf 5,5 Millionen. Pro Sekunde.

Zu Hause trank ich erst mal eine weitere Kiste Bier, spülte diese mit einem Bier runter und begann dann, alles zu verschrauben. Da ich vergessen hatte, Schrauben mitzubringen, musste ich sehr bald zu Alternativen greifen: Nägel, Messer, Gabeln, Zahnstocher, Bierflaschen, Hannes, Schrauben und meinen linken Ringfinger. Alles verband ich mit allem, es war ein großer Akt der handwerklichen Vereinigung. Alles wurde eins. Buddha wäre stolz auf mich gewesen.

Das Möbelstück war inzwischen recht groß geworden und drohte den Rahmen der Wohnung zu sprengen, also tat ich, was alle vernünftigen Menschen in meiner Situation getan hätten: Ich trank noch ein paar

Bier. Dann zerrte ich das Möbelstück die Treppe hinauf wie Sisyphos auf Amphetaminen und verlegte meine Arbeiten an einen luftigeren Ort: den Giebel unseres Hausdachs. Ein kleines Gerüst, um das Konstrukt zu stützen, war schnell errichtet. Dazu brauchte ich nicht mehr als ein Nudelsieb, einen Putzeimer und drei alte Ausgaben der Zeitschrift SCHÖNER WOHNEN. Dann konnte ich unter freiem Himmel in alle erdenklichen Richtungen loszimmern. Über mir nur die Wolken und der Wind – ich geriet in eine fast schon schöpferische Ekstase. Da störte mich auch der strömende Regen nicht, der gerade eingesetzt hatte. Wen stört das Wetter, der genügend Holz hat? Handwerkerglück, ich hör dir trapsen!

Später war ich noch fünf- bis achtmal beim Baumarkt, und als das Bier irgendwann alle war, waren mehrere Tage vergangen statt der erhofften einzelnen Sekunde. Es hatte inzwischen fast eine Woche am Stück durchgehend geregnet, und ich konnte nach allen gängigen Maßstäben als durchnässt gelten. Aber das war mir egal. Mein Möbelstück gedieh prächtig, es war inzwischen fast größer als das ganze Haus. Ich war schwer beeindruckt von mir selbst und meiner Leistung. Aber gut, ich war da auch parteiisch und zudem seit fast einer Woche stramm wie ein Dachs auf der Walz.

Es klopfte von innen am Dachfenster. Zögernd legte ich die Kettensäge zur Seite und stellte überrascht fest, dass es sich dabei um einen Nadeldrucker handelte. Der Himmel weiß, was ich damit für ein

Handwerk verrichtet hatte – und wo ich 2018 noch einen Nadeldrucker herbekommen hatte.

Als ich das Dachfenster öffnete, standen dahinter zwei Labradore. »Was kann ich für euch tun?«, fragte ich, denn man hatte mir beigebracht, stets höflich zu Hunden zu sein. »Wir wollen gerne mit«, entgegnete der größere der beiden. »Wohin denn mit? Womit denn hin?«, wagte ich eine kühne Doppelfrage. Der Hund sagte nichts. Das erschien mir logisch, es war ja schließlich auch nur ein Hund. Stattdessen zeigte er mit der rechten Pfote an mir vorbei auf etwas hinter mir. Ich folgte seiner Geste mit den Augen und wandte mich langsam um. Bevor ich etwas erkennen konnte, hörte ich eine weitere Stimme aus dem Treppenhaus.

»Wir wollen auch mit!«, riefen ein Kater und eine Katze. Sie hatten direkt hinter den Labradoren im Treppenhaus Platz genommen. »Wir auch!«, sagten zwei Zebras und zwei Kamele, direkt dahinter. »BRUMMM!«, brüllte ein Grizzlybär. »Er meint, wir wollen auch mit«, übersetzte seine Partnerin. Ich rief: »Hömma! Langsam geht es mir wie einem Chamäleon im Bällebad: Es wird mir zu bunt hier!« Von ganz hinten rief ein Chamäleonweibchen: »Der Witz ist rassistisch!« »Du kannst uns doch nicht einfach auf unsere Hautfarben reduzieren!«, pflichtete ihr Gatte bei. Was wollten die alle von mir? Ich geriet ins Grübeln.

»Was wollt ihr denn alle von mir?«, schrie ich nach einer Weile ins Treppenhaus, das inzwischen gänzlich mit Tieren gefüllt war. »MIT!«, schallte es mir entgegen,

»wir wollen mit!« Alle zeigten aufs Dach. Ich wandte meinen Blick von der langen Schlange der Tiere ab, an deren Ende verwirrenderweise eine Schlange stand. Mein Blick ging über meine Schulter, in die Richtung, die mir die Tierpaare wiesen. Dort, mitten auf dem Hausdach, stand im strömenden Regen mein Möbelstück. Erst jetzt erkannte ich, dass es eine klare Form angenommen hatte. Ich hatte aus Versehen eine Arche gebaut. Es musste am Regen liegen. Und eventuell am Bier.

»Das ist ein großes Missverständnis«, sagte ich beschwichtigend, »ich wollte eigentlich nur einen Schreibtisch bauen und hab mir dabei eventuell einfach richtig doll einen in die Rüstung gerömert.« Die Tiere sahen sich einen Moment lang Rat suchend an. »Können wir trotzdem mit?« Ich sah abwechselnd zu den Tieren und zu meinem Schreibtisch. »Es regnet seit einer Woche, wir haben Angst, und du hast eine Arche«, argumentierte eine Dorade. »Hm«, grübelte ich laut. »Lass sie doch«, rief da plötzlich mein Freund Hannes aus dem Inneren meines Schreibtischs, »ich bin einsam.«

Was sollte ich groß anderes machen, als die Parade der Tierpaare auf mein Dach und in meinen archeförmigen Schreibtisch zu lassen? Ich nickte, und ein großer Jubel brach los. Außer bei den Chamäleons, die mich im Vorbeigehen streng ansahen. Keine Ahnung, was mit denen los war. Statt darüber nachzudenken, trank ich einen großen Schluck aus dem Nadeldrucker. Das schmeckte nur so mittel.

Es dauerte eine ganze Weile, bis selbst die Schnecken und Schildkröten an Bord waren. Bevor ich zuletzt als Kapitän ebenfalls einstieg, wollte ich noch mal eben in meine Wohnung, da war ja schließlich noch Bier an die Wand geschraubt. Ich schloss das Dachfenster hinter mir, damit ja keine zufällig vorbeikommende dritte Giraffe hinterherkommen und ebenfalls Eintritt auf die Arche verlangen konnte. Auf die Diskussion hatte ich wirklich keinen Bock.

Als ich in der Wohnung angekommen war, sah ich aus dem Fenster. Es hatte aufgehört zu regnen. Sie können sich denken, wie unangenehm diese Situation jetzt für mich war. Äußerst peinlich, der ganze Vorgang. Aus lauter Scham bin ich seitdem nicht mehr auf dem Dach gewesen. Die Stoppuhr sagt, das alles ist jetzt acht Wochen her.

Zwei Dinge habe ich seitdem gelernt: Ich bin ein katastrophaler Handwerker biblischen Ausmaßes. Aber man kann auch ohne Schreibtisch ganz gut zurechtkommen.

7 Schlecht kochen und backen

Das Internet ist ein Segen für denjenigen, der auf der Suche nach schlechten Ideen ist. Das gilt auch und insbesondere für schlechte Ideen zum Kochen und Backen. Herrlich, was sich dort an Rezepten tummelt, man kann mit einem einzigen Blick darauf jeden handelsüblichen Baucontainer sofort randvoll speien.

Doch die Geschichte der schlechten Lebensmittelzubereitung ist sehr viel älter. Schon immer gab es Experten, die mit den Fingern Grillfleisch wenden, Salz und Zucker verwechseln oder mal ausprobieren wollen, ob man aus Lkw-Diesel nicht eine leckere Soße zubereiten kann.

Oder nehmen Sie Fugu Sashimi. Das gilt in Japan als Delikatesse, und es handelt sich dabei um nichts anderes als Kugelfische, diese putzigen Kirmesluftballons unter den Fischen. Weniger putzig ist der Umstand, dass Kugelfische hochgiftig sind und der kleinste Zubereitungsfehler des Kochs den unabwendbaren Tod bedeutet. Da wende ich doch lieber Grillfleisch mit den Fingern.

In Schweden hingegen isst man Surströmming. Dabei handelt es sich nicht um die schwedische Variante von »Two girls, one cup«, die ganze Sache ist noch weitaus widerlicher. »Surströmming« ist Ostseehering, den man in Salzlake einlegt und dann sehr, sehr, sehr, sehr, sehr lange gären lässt. Danach lässt man ihn noch ein wenig gären. Später kommt der Fisch irgendwann in eine Dose, in der er dann noch weiter gärt, bis er schließlich weiter gärt. Und zwar so lange, bis die Dose sich wölbt. Dann erst öffnet man mit zugehaltener Nase die Dose wieder und isst den Fisch mit Fladenbrot. Leuten, denen das gefällt, gefällt auch: Überfahrene Hundewelpen, offene Knochenbrüche und die CD »Best of Nickelback«. This is how I remind you.

Noch unappetitlicher sind da eigentlich nur noch all die Ratgeber, die »Clean Eating« anpreisen und »Kochen mit Superfoods«. Da vermischt man Kohlrabi und Amaranth, püriert das Ganze und streut ein paar Gojibeeren drüber, und schon hat man etwas, das aussieht wie ein Schlag in den Magen und so schmeckt, dass man sich umgehend einen Eimer voll Surströmming herbeiwünscht. Aber es ist derartig gesund, dass einem durch den Verzehr jeder einzelnen Portion umgehend eine Woche mehr Lebenszeit geschenkt wird. Wobei man fairerweise sagen muss, dass eine Nebenwirkung ist, dass man vierzehn Tage mit Sprühdurchfall auf der Toilette verbringt. Danach ist man aber sehr, sehr clean innendrin.

Wer es eher schmutziger mag, dem wird vielleicht das Buch *Das Essen der Wikinger* von Andrea Itzinger gefallen. Da wird einfacher gekocht. Für ein Rezept namens »Smalahove« benötigt man pro Person lediglich den halben Schädel eines Schafes. Und etwas Salz. Übrigens bestätigt sich hier die alte Redewendung »Das Auge isst man mit«.

Runtergespült wird das Ganze dann nach Frau Itzingers Anleitung mit Blut- oder Speichelmet. Von denen ich jetzt mal lieber nicht ausführe, wie das jeweils zubereitet wird. Dann gehe ich doch lieber auf die Weide und beiße einem Schaf in den wolligen Kopf.

* * *

Ganz im Ernst: Wenn Sie das alles allen Ernstes wollen, dann sind Sie schon auf einem guten Weg zu schlechtem Kochen und Backen. Aber noch nicht am Ziel.

Nur weil das Ergebnis widerlich ist, haben Sie noch lange nicht effektiv schlecht gekocht oder gebacken. Beim schlechten Zubereiten von Nahrungsmitteln gilt es schon lange vor dem Ziel den Gipfel des Unglücks zu erreichen. Wählen Sie dazu zunächst Zutaten, die schon bei der Beschaffung Schwierigkeiten machen, von denen Sie aber nur lächerlich geringe Mengen brauchen. Bereiten Sie Mitte März einen halben frischen Waldpilz zu. Backen Sie einen Kuchen mit Kormoranglasur. Letztere stellt man her, indem man eine ganz reguläre Zuckerglasur fünf Minuten in einem Raum mit einem Kormoran alleine lässt. Das ist komplett sinnlos, extrem schwierig und macht dafür geschmacklich überhaupt keinen Unterschied. Herrlich! So geht schlechtes Backen!

Arbeiten Sie mit Komplementärzutaten, die sich auf der komplett gegenüberliegenden Seite der Geschmacksskala befinden. Vertrauen Sie mir, das wird nicht wie bei Farben ein schlichtes Weiß ergeben, sondern zur nachhaltigen und endgültigen Vernichtung Ihrer Geschmacksnerven führen: Mischen Sie Thunfisch mit Honig. Tauchen Sie Hackfleisch in Schokolade. Vermengen Sie Erdbeeren mit Surströmming. Der Erfolg ist garantiert.

Achten Sie darauf, die Dinge viel zu lang oder viel zu kurz zu garen. Backen Sie einen Kuchen für zwei Wochen auf 180°C oder frittieren Sie Ihre tiefgefrorenen Pommes für drei Sekunden. Der neueste Trend beim schlechten Kochen ist das Frittieren bei Zimmertemperatur. Das ist ungleich aufregender und schwieriger, und das Ergebnis ist ganz und gar abstoßend.

Machen Sie das Kochen auch für Zuschauer spannender, indem Sie es mit Akrobatik mischen. Jonglieren Sie nicht nur mit rohen Steaks, machen Sie Handstand und rühren Sie Ihren Pfannkuchenteig mit den Füßen an. Was fragen Sie? Wie Sie den Rührbesen mit den Füßen halten sollen? Wer hat denn etwas von einem Rührbesen gesagt? Echte Experten können das auch ohne!

Oder nutzen Sie statt Küchengeräten oder Ihren Händen und Füßen auch mal ganz andere Werkzeuge. Mischen Sie Ihren Pudding in einem handelsüblichen Betonmischer. Das ist laut, das macht überhaupt keinen Spaß und verbraucht herrlich unnötig viel Strom. Hacken Sie Zwiebeln mit einem Sägefisch klein. Woher sollen Sie einen Sägefisch kriegen, fragen Sie? Woher soll ich das wissen – fragen Sie doch den Kormoran. Ehrlich, ich bin doch nicht Ihre Mutter. Ein bisschen was müssen Sie schon selbst auf die Reihe kriegen! Und jetzt heulen Sie hier nicht rum! Seien Sie kreativ!

Bereiten Sie nicht immer nur die Lebensmittel zu. Kochen Sie doch einfach auch mal Ihre Küchengeräte. Stecken Sie Ihren Thermomix in die Mikrowelle und erleben Sie Ihr blaues Wunder! Rühren Sie eine Suppe aus Löffeln an. Bereiten Sie zum Nachtisch eine »Mousse au Nudelsieb«.

Oder nutzen Sie statt vieler Zutaten einfach mal sehr, sehr wenige. Backen Sie einen Kuchen ausschließlich aus Mehl. Bereiten Sie ein Omelett nicht nur ohne Eier zu, sondern auch ohne alles andere. Im Museum hängen doch auch manchmal quasi leere Leinwände. Stellen Sie Ihren Gästen einen komplett leeren Teller hin und geben Sie den versammelten Herrschaften jeweils eine schöne schwungvolle Schelle. Rufen Sie lustvoll: »Heute gibt es hier nur Ohrfeigen, ihr Ottos!« Man wird Sie für Ihre unkonventionelle Art bewundern. Und mit »bewundern« meine ich »verachten«. Perfekt, dann haben Sie in Zukunft noch mehr Zeit für sich alleine, die Sie wunderbar nutzen können, um noch mehr zu kochen und zu backen.

TEIL 2
SCHLECHT MIT SICH SELBST

>> Insofern habe ich mich eigentlich noch nie verstanden und mische mich auch nicht gern in meine Privatangelegenheiten. <<

(THOMAS KAPIELSKI)

8 Schlecht motivieren

Wer kennt es nicht? Man wird morgens vom Radiowecker aus dem Schlaf gerissen, und sofort läuft »Move on up« von Curtis Mayfield. Vor dem Fenster strahlender Sonnenschein, die Vögel zwitschern, der Kaffee duftet, und man startet hoch motiviert in den Arbeitstag. So sind alle Herausforderungen entspannt zu bewältigen, die uns der Zeitgeist vor die ungewaschenen Füße wirft.

Hassen Sie das nicht auch? Hätten nicht auch Sie vielmehr Lust, überhaupt keinen Bock auf den ganzen Scheiß zu haben? Wollen Sie den Wecker an die Wand werfen, finden aber tief in sich drin nicht die nötige Keine-Lust-Haltung?

Sind Sie schon wieder aus Versehen joggen gewesen, obwohl das Sofa doch so gemütlich aussah? Haben Sie ohne Absicht in der ersten Woche Ihrer Semesterferien alle Hausarbeiten geschrieben, für alle Klausuren gelernt und die Fenster geputzt und sind nun um sieben Uhr morgens auf dem Weg zur Volkshochschule, um nebenbei schnell noch Mandarin-Chinesisch zu lernen? Träumen Sie von einem Leben, in dem die Hängematte am Karibikstrand und ein stets gefülltes Cocktailglas das Idealbild sind, haben aber einen kleinen Christian Lindner im Hinterkopf, der Ihnen permanent das Wort »Leistungsgesellschaft« zubrüllt? Dann ist Ihr Problem ganz klar, dass Sie sich viel zu gut motivieren können.

Schämen Sie sich nicht, das passiert den Besten unter uns. Auch ich habe in meiner alten WG immer für alle das Geschirr gespült, bin im Studierendenwohnheim von Tür zu Tür und habe gefragt, ob ich irgendwo weiterspülen kann. Oder wenigstens die Fugen zwischen den Badezimmerfliesen mit einer Zahnbürste wienern.

Es ist ein grausames Schicksal, ständig auf Zack zu sein und vor Lust auf neue Herausforderungen schier zu bersten. Doch es gibt Hilfe! Man kann lernen, sich selbst schlecht zu motivieren. Richtig schlecht. So, dass man am Ende auf überhaupt keine produktive Aktivität mehr Lust hat.

Dazu müssen Sie nur wenige Schritte befolgen. Werden Sie sich zunächst der eigenen Gewöhnlichkeit bewusst. Eltern, Freunde, Familie und »gute« Pädagogen erzählen uns von Kindesbeinen an, dass wir etwas Besonderes sind und einzigartig. Bullshit.

Wenn wir ehrlich zu uns selbst sind und uns genau anschauen, zu welchen intellektuellen und körperlichen Leistungen wir imstande sind, wird uns klar: Wir sind im Prinzip jederzeit durch einen Besenstiel mit Kürbiskopf ersetzbar. Selbst die klügsten unter uns werden inzwischen von jeder programmierbaren Kaffeemaschine im Schach besiegt. Und selbst die stärksten Menschen haben weniger Arme als eine Buche und werden ab Windstärke zwölf restlos aus dem Bild geweht. Während der Baum lässig hinterherwinkt.

Eine Hummel mag fetter sein als Sie, aber sie kann entspannt fliegen. Ein Eichhörnchen läuft eine senkrechte Rinde rauf. Ein Maulwurf kann ohne Werkzeug ein Tunnelsystem anlegen. Eine Dorade schmeckt gut. Und was können wir? Wir können nichts. Also, seien Sie nicht so motiviert! Bleiben Sie im Bett!

Führen Sie sich zudem die eigene Bedeutungslosigkeit vor Augen. Es gibt Milliarden Menschen. Die meisten von denen haben noch nie von Ihnen gehört und interessieren sich einen Scheiß für Sie. Das gilt ja umgekehrt genauso. Oder glauben Sie, die Menschheit zu kennen? Dann nennen Sie mal aus dem Kopf zehn taiwanesische Mathelehrer, die zwischen 1971 und 1973 geboren wurden! Sehen Sie – und genauso wenig sind Sie für den Rest der Menschheit von Relevanz!

Gehen Sie ruhig noch einen Schritt weiter, nehmen Sie das gesamte Universum in Betracht. Es ist Milliarden Jahre alt und unermesslich groß, und wenn wir ehrlich sind, können wir es uns nicht mal richtig vorstellen.

Hatten wir es gerade davon, wie groß die Menschheit ist und wie unbedeutend jeder Einzelne? Nun, die ganze Menschheit spielt eine derartig geringe Rolle im Universum, dass ein Fliegenschiss auf dem Fußboden einen Kontinent mehr verändert als unsere Anwesenheit das Universum.

Arthur Schopenhauer hat es mal so ausgedrückt: »Im unendlichen Raume zahllose leuchtende Kugeln, um jede von welchen etwa ein Dutzend kleinerer, beleuchteter sich wälzt, die inwendig heiß, mit erstarrter kalter Rinde überzogen sind, auf der ein Schimmelüberzug lebende und erkennende Wesen hervorgebracht hat – das ist die empirische Wahrheit, das Reale, die Welt.« Was für ein Satz!

Man merkt gleich, dass Schopenhauer nicht nur Philosoph war, sondern auch Alleinunterhalter, der oft und gerne auf Kindergeburtstagen auftrat. Wissen die wenigsten. Aber auch wenn man es mal nicht so kompliziert ausdrücken will, bleibt es wahr: Wir ballern auf einem mickrigen Stein um eine lächerlich kleine Gasfunzel namens Sonne, die sich wiederum in einer nutzlosen Ecke einer von endlos vielen Galaxien befindet. Und selbst in dieser Galaxie gibt es Milliarden Sterne.

Was sind wir? Wir sind nichts! Bleiben Sie im Bett!

9 Schlecht meditieren und Yoga machen

Wir leben in einer rasanten Zeit. Die technologische Entwicklung beschleunigt sich stets weiter, und wir stehen mit staunenden Augen, die Synapsen flatternd wie die Flügel eines Kolibris. Noch vor wenigen Jahren galten Digitalkameras mit einem Megapixel als Faszinosum. Und die Festplatten, die man brauchte, um die Bilder zu speichern, umfassten ein ganzes Gigabyte!

Ein Gigabyte! Ich weiß noch, dass ich geweint habe wie ein Baby, weil es das plötzlich gab! Aber schnell danach kamen Kameras mit zwei Megapixeln, und auch die Festplatten wuchsen weiter. Auch drei, vier, fünf Megapixel folgten auf dem Fuße, und immer brauchte man neue und größere und schnellere Festplatten. Uns schwirrten die Gedanken.

Heute kann man sich Digitalkameras mit fünfzig Megapixeln kaufen und Festplatten im Terabyte-Bereich. Und da dieses Buch naturgemäß nicht sofort erscheint, während ich es schreibe, sondern erst Monate später, werden Sie vermutlich von dieser Seite ein 500-Megapixel-Foto machen und es auf Instagram posten mit dem Zusatz: »Haha, fünfzig Megapixel, voll retro, wie er abgeht, der Typ reitet wahrscheinlich auch noch auf einem Triceratops. #kreidezeitistreitezeit«

Vielleicht lesen Sie das Buch aber auch erst zehn Jahre später, dann ist die Menschheit vielleicht darauf gekommen, dass wir die beste Kamera und die größte Festplatte bereits in unserem Kopf eingebaut haben.

Kleiner Spaß am Rande. Als ob die Menschheit jemals darauf käme, dass genau hinschauen und sich später gut erinnern können wünschenswerte Tätigkeiten wären. Nein, die Leute rennen weiter und weiter und immer schneller und schneller der Entwicklung der Außenwelt hinterher. Wie die Lemminge vor einem Abgrund aus technischem Tand, mit gehetztem Auge dem steilgehenden Fortschritt nachgeifernd. Und zum Ausgleich machen sie neuerdings allesamt Yoga und Meditation. Logisch.

Bei der Meditation geht es um Achtsamkeit und darum, den Geist zu sammeln und zu beruhigen. Der Meditierende ist also quasi der Cowboy unter den Denkenden, denn er treibt die durchgedrehte Herde der Ideen wieder zusammen, pflockt einen Zaun drum und sagt den Kühen, dass sie jetzt das Maul halten und die Wiese lutschen sollen. Oder was auch immer es ist, was Kühe so tun, wenn keiner hinguckt. Eine fantastische Methode also, insbesondere wenn Ihre Gedanken hauptsächlich im landwirtschaftlichen Metier kreisen oder Sie sieben Mägen haben.

Der Meditierende sucht gerne auch mal seine innere Mitte. Als ob es da etwas zu holen gäbe. Die innere Mitte Deutschlands, das haben findige Geografen mit zu viel Freizeit mal ausgemessen, liegt in der Ortschaft Niederdorla in Thüringen. Dort steht tatsächlich ein Stein mit einer Gedenktafel. Und die Gedenktafel in Niederdorla ist schon deutlich besser als alles, was wir in unserer eigenen Mitte finden werden. Da sind, selbst wenn wir Glück haben, höchstens ein paar

Flusen oder ein Piercing, das schon in den 1990ern nicht mehr cool war.

Denn, wie der römische Gelehrte Vitruv schon vor über zweitausend Jahren feststellte, liegt unser Mittelpunkt im Bauchnabel: »Liegt nämlich ein Mensch mit gespreizten Armen und Beinen auf dem Rücken, und setzt man die Zirkelspitze an der Stelle des Nabels ein und schlägt einen Kreis, dann werden von dem Kreis die Fingerspitzen beider Hände und die Zehenspitzen berührt.« Ich mag ja die Vorstellung, dass Vitruv für die Prüfung dieser Behauptung einen Freiwilligen finden musste. Das war gewiss ein schönes Gespräch.

»Hey, Augustus, kann ich dich mal was fragen?«

»Schieß los, Vitruv!«

»Würdest du dich mal hier auf den Boden legen, damit ich dir einen gigantischen Zirkel in den Bauchnabel stecken kann?«

Vermutlich hat Augustus dann weniger den Mittelpunkt, sondern vielmehr den Fluchtpunkt gesucht.

* * *

Meditierende sagen gerne die heilige Silbe »Om«, die den transzendenten Urklang repräsentieren soll, aus dessen Vibration nach hinduistischem Verständnis das Universum entstand. Im Buddhismus hingegen ist man zurückhaltender mit so umfassenden Theorien über ein Brummgeräusch. Hier bezeichnet es lediglich die Gegenwart des Absoluten. Böse Zungen sagen hingegen, dass »Om« lediglich der Anfang von »Oma« ist.

Wenn Sie sich aktiv gegen diesen Trend wenden und richtig schlecht meditieren wollen, sollten Sie sich einen möglichst lauten Ort aussuchen. Bleiben Sie auch nicht ruhig auf einem Kissen sitzen, springen Sie umher wie ein Känguru, das einen Hasen verschluckt hat, oder laufen Sie permanent gegen eine Wand und brüllen Sie dabei immer wieder das unheilige Wort »Dackeldung«.

Ich habe das mit der Meditation mal für Sie ausprobiert und hier die Ergebnisse meiner dabei entstandenen Innenschau: Was in mir vorgeht, ist keineswegs so schwer zu erkennen. Mein Magen versucht auf den Döner Kebab klarzukommen, den ich zum Frühstück in mich reingeschaufelt habe. Ohne Kauen. Kauen ist für Anfänger. Meine Leber ist beleidigt, weil sie zu viel arbeiten muss. Meine Lunge versucht seit Jahren zu fliegen, obwohl ihre Flügel mit Teer verklebt sind. Mein Herz ist eine faustgroße Pumpe, die Blut durch die subkutane Kanalisation meines Körpers ballert.

Super ekelhaft, was in mir los ist, wenn man da genauer drüber nachdenkt. Und mit meinem Denken sieht es doch ähnlich aus. Wenn ich mal explizit darauf achte, was sich mein alter Grübelschwamm da zusammenassoziiert, wird mir regelrecht schwindelig. Da brauche ich jetzt keine Beispiele für liefern. Denken Sie einfach daran, dass Sie in diesem Buch eine Auswahl der eher konstruktiven und guten meiner Gedanken vorfinden, in einer geordneten Form. Und dann auch noch mehrfach von Lektorinnen überarbeitet und korrigiert. Glauben Sie mir, die Rohversion dieses Buches ist dazu geeignet, einen handelsüblichen Ziegelstein in die psychische Zerrüttung zu treiben.

Hier als Einblick in den Entstehungsprozess mal ein vollkommen unlektorierter Absatz:

»PFART. Gobbelknoten, dreihundert Fliegenflügel! Man drehe sich, Aale mögen KlotzWASSer. Trimmen Sie Ihre Scheib3n. Blirtzknistern entsteht im DÄMMERdöner!«

Sehen Sie? Ich meine, ich komme im Alltag überhaupt nur klar, weil ich gar nicht so genau darauf achte, was ich denke. Ich mach lieber.

Es ist wie das Geräusch, das Spaghetti mit Tomatensauce beim Essen machen. Wenn Sie sich das einfach zehnmal lauter vorstellen, können Sie ein solches Gericht kaum noch zu sich nehmen. Das ohrenbetäubende Geschmatze und Gematsche wäre schlicht zu widerlich.

Und genauso ist es mit den Vorgängen in unserem Inneren. Sowohl unser Körper als auch unser Bewusstes und Unterbewusstes sind bei näherer Betrachtung einfach nur noch abstoßend. Schlechte Meditation ist also als grundlegende Basisübung für ein erfolgloses Leben sehr zu empfehlen.

* * *

Mit einem deutlich dichter schwimmenden Schwarm aus Ratgebern kommt uns heutzutage das Yoga entgegen. Ein Buch mit allen guten Meditationstipps ist ja auch übersichtlich: »Setzen Sie sich hin und halten Sie die Klappe.« Fertig.

Beim Yoga geht es etwas komplexer zu, aber letztlich geht es hier um ähnliche Ziele, zumindest bei westlichen Betreibern: innere Ruhe, eine Insel des Friedens im rauschenden Fluss des Alltags, eine positive Denkweise, ein erhöhter Bewusstseinszustand und all der restliche Wumms, den man sich durch eine angemessene Portion Drogen auch einfacher holen kann.

Beim Yoga wird versucht, Körper, Geist und Seele in Einklang zu bringen. Das kann geschehen durch Meditation, Atemübungen oder auch Asanas.

Die Asanas sind in der Regel ruhende Körperstellungen.

Die Ananas ist im Gegensatz dazu eine tropische Frucht.

Wer sich nicht durch den Wust der Ratgeber, Yoga-Lehren und -Kurse wälzen will, der kennt wahrscheinlich trotzdem zumindest den Lotussitz, der dem Schneidersitz nicht unähnlich ist, aber die Fußsohlen nach oben biegt. Jepp, richtig gelesen. Viele Asanas setzen lange Übung und Einweisungen von weisen Yogis voraus und dehnen die Gelenke, Bänder, Sehnen und Geldbörsen ordentlich durch. Manche der Stellungen sind dabei tatsächlich für Laien kaum durchführbar. »Halasana« (der Pflug) sieht zum Beispiel eher aus wie eine außer Kontrolle geratene Runde Twister mit mehrfachem Wirbelbruch. Mein Favorit ist ja seit jeher »Shavasana« (die Totenstellung), bei der man auf dem Rücken liegt und dann halt einfach so da rumliegt. Unbewusst habe ich weite Teile meines Erwachsenenlebens in dieser Asana verbracht.

Angeblich gibt es über 84000 Asanas. Aber das ist nicht die höchste Zahl im Yoga. Der Jahresumsatz im Yoga-Bereich wird auf siebzehn Milliarden Dollar geschätzt. Kein Wunder, dass jeder etwas vom Kuchen abhaben will. Das führt auch dazu, dass permanent neue Techniken entwickelt werden, mit denen sich wieder neue Bücher und Kurse unter das dehnwillige Volk bringen lassen.

Das nimmt zumindest da, wo es immer schräger wird, wenigstens unterhaltsame Züge an. So gibt es inzwischen Bier-Yoga, dessen Verfechter darauf hinweisen, dass die Herausforderung deutlich größer ist, wenn man sich erst mal einen halben Liter Weizen reinstellt, bevor man die »Einbeinige Baum«-Asana probiert. Und schon ab dem fünften Weizen werden ganz neue Asanas möglich, zum Beispiel »Kopf in der Kloschüssel«.

Andere probieren sich in Yoga auf Surfbrettern, Kiff-Yoga, Yoga im Schnee, Yoga in Anwesenheit einer Ziege oder Wut-Yoga. Das gibt es alles tatsächlich. Beim Ziegen-Yoga macht man ganz normales Yoga, nur dass eben eine Ziege mit im Raum ist. Durch eine Ziege im Raum wird meines Erachtens generell alles besser. Probieren Sie das doch mal bei der nächsten Firmenkonferenz, im Klassenzimmer oder bei der Erzeugung von Ziegenmilch.

Wut-Yoga (im Original »Rage Yoga«) stammt von der amerikanischen Yoga-Instrukteurin Lindsay Istace. Dabei darf und soll man schreien und stampfen und strampeln wie ein zorniger Dreijähriger. Dem Vernehmen nach darf man Rage Yoga auch mit Bier Yoga kombinieren und dazu den Soundtrack des »Heavy Metal Yoga« hören. Bis auf den Lotussitz also ein ganz normales Wochenende.

Mag sein, dass Sie nun denken: Reicht es denn dann nicht doch, wenn ich mich von der westlichen Leistungsgesellschaft durch die Gegend peitschen lasse und mich permanent selbst optimiere? Muss ich mir jetzt auch noch von einer antiken Heilslehre aus dem Fernen Osten in meine Entspannung reinreden lassen?

Ich bin da ebenfalls skeptisch und entwickle seit Neuestem als Gegenkonzept eigene Asanas. Da lasse ich mir von keinem Guru reingurren. Was spricht denn auch bitte gegen die Asana »Sofalaga«, bei der man sich nach Feierabend schlicht auf seinem Sofa lagert? Oder die Asana »Ananas«, bei der man schlicht und einfach ohne Besteck eine Ananas zu sich nimmt? Diese Asanas sind Teil meines offensiven Vorgehens gegen die Überschwemmung des hiesigen Chillens mit gelenküberdehnendem Verrenkungsgerümpel aus Fernost. Machen wir das schlechteste Yoga, das uns möglich ist.

Das geht mit praktischen Techniken: Nehmen Sie zum Beispiel ein sehr großes paniertes Schnitzel als Yogamatte. Oder machen Sie Yoga in einer voll besetzten U-Bahn in der Rushhour: Ellbogen-Yoga.

Fahren Sie auch im Winter immer mit offenem Fenster Auto. Der schreckliche Zug, der Ihnen als stechender Schmerz durch den Nacken und Rücken ziehen wird, macht so gut wie jede Asana unmöglich. Versuchen Sie es trotzdem. Schlechtes Yoga ist vor allem dadurch gekennzeichnet, dass es konsequent und ununterbrochen wehtut.

Und hören Sie auf, bewusst zu atmen! Atmen läuft von ganz alleine! Was soll der Quatsch? Und was kommt als Nächstes? Bewusstes Kacken? Wobei es dafür ja auch schon einen Ratgeber gibt, den Sie vermutlich sogar kennen: *Darm mit Charme* von Giulia Enders. Und er zählt ebenso zu den populärsten Ratgebern der letzten Jahre wie das offenbar in derselben Region spielende Buch *Am Arsch vorbei geht auch ein Weg* von Alexandra Reinwarth. Muss man das alles so genau wissen, was da hinten unten los ist? Ist es relevant, dass das zweite Buch nicht mal davon handelt? Sind das womöglich alles rhetorische Fragen? Das Tolle an Körperfunktionen ist doch, dass sie eben automatisch funktionieren. Da muss man nicht drüber nachdenken. Das muss man einfach machen.

Akzeptieren Sie bitte unbedingt auch, dass der Mensch nicht dafür ausgelegt ist, auf sich selbst klarzukommen. Innere Ruhe und Frieden sind Zustände für Granitblöcke, nicht für Menschen.

Namaste, ihr Ananasse.

10 Schlecht anziehen

»Mode ist eine so unerträgliche Sache, dass wir sie alle sechs Monate ändern«, hat George Bernard Shaw einmal gesagt. Das ist allerdings gut hundert Jahre beziehungsweise zweihundert Moden her. Wobei sich mittlerweile die Mode gefühlt noch deutlich schneller ändert. Dabei wird heutzutage nach einem Zufallsverfahren entschieden, welches Jahrzehnt gerade wieder in Mode ist. Das heißt dann Retro, ist aber schneller wieder aus der Mode, als man sagen kann: »Ich habe da noch was von früher im Schrank.«

Ich bin ein großer Freund von Retro-Mode, weil sie suggeriert, dass in den 1980er-Jahren alle Menschen in neonfarbenen Ballonseide-Anzügen herumgelaufen sind. Verstehen Sie mich nicht falsch, das ist natürlich vollkommen korrekt. Selbst der Bundespräsident trug damals beim Staatsempfang stets einen neontürkisen Anzug mit neonrosa Krawatte. Die Nationalhymne war »Cheri, cheri Lady« von Modern Talking, und unser Lieblingsessen waren Pilze aus Tschernobyl, denn davon leuchteten des Nachts unsere Haare neongrün.

Lustig finde ich diese Retro-Mode, weil es uns Relikten aus dieser Urzeit heute äußerst unangenehm ist, dass wir uns damals gekleidet haben, als hätten wir in einer Andy-Warhol-Ausstellung zu lange in die Steckdose gefasst. Nur lässt sich der staubgraue Mantel der Geschichte leider nicht über dieses Kapitel legen, weil unsere Kinder das auf einmal wieder cool finden. Aber ironisch. »Guck mal, Papa, so scheiße saht ihr früher aus. Voll nice, du Otto.« Vielen Dank.

Generell ist es allerdings ein guter Schritt zur schlechten Mode, wenn man das alles ironisch angeht. Denn mir als Betrachter ist es letztlich egal, ob Sie zu Ihrer eigenen Hochzeit eine Micky-Maus-Krawatte tragen, weil Sie das wahnsinnig ironisch finden oder einfach nur so ein geschmackloser Vollpfosten sind.

Wenn Sie mir erklären, dass »Coco Jamboo« von Mr. President für Sie der Höhepunkt der Literaturgeschichte ist, ist es mir ebenfalls egal, ob Sie das ironisch meinen oder nicht. Ich brauche den Song gar nicht hören, ich muss es nur lesen, um einen multiresistenten Ohrwurm zu kriegen:

»Put me up, put me down,
Put my feed back on the ground
Put me up, take my heart
And make me happy
Ja, ja, ja
Coco Jamboo«

Ein Text, der so klingt, als ob jemand auf LSD eine Runde Twister gespielt hätte. Dazu Musik, die klingt, als hätte jemand auf LSD eine Runde Keyboard gespielt. Das läuft heute wieder auf vielen Partys rauf und runter. Ironisch, versteht sich.

Machen Sie das auch so! Seien Sie ironisch!

Am besten kloppen Sie sich gleich ironisch einen krummen Nagel in die Kniescheibe und rufen »Hopsasa!« Das ist voll in Mode – das meine ich nicht ironisch. (Psst, das meine ich natürlich ironisch.) (Doppelpsst: Spaß beiseite, das ist mein Ernst.)

* * *

»Mode ist die Uniform der Zivilisten«, sagte Werner Mitsch. Nicht überliefert ist, was Werner Mitsch anhatte, als er diesen Spruch verfasste. Ich gehe mal davon aus, dass es sich um einen neontürkisen Anzug handelte.

Wenn Sie bei diesem Zwang nicht mitmachen wollen, kann ich das gut nachvollziehen. Doch seien Sie achtsam: Modisch gekleidet sehen Sie zwar abscheulich aus, aber das gilt ja eben nicht als schlechte Kleidung. Um sich schlecht zu kleiden, reicht es nämlich nicht, jeder Mode nachzurennen. Sicher, die Vorschläge, die uns aus den Modehäusern dieser Welt erreichen, sind ein sehr guter Anfang.

Das gilt aber auch für die phänomenalen Hüte, die die Damen der höheren Gesellschaft in England zum Pferderennen tragen. Oft sind diese Hüte mehrere Quadratkilometer groß und haben als dekorative Elemente ganze Schafherden, den Fuhrpark eines mittleren Busunternehmens oder die Grafschaft Kent. Das ist spektakulär, zeigt aber auch, dass schlechte Kleidung im Mainstream angekommen ist und selbst die höchsten Weihen der oberen Zehntausend erfahren hat.

Sich wirklich schlechter zu kleiden als alle anderen ist daher nicht leicht. Und man kann sich dem gesellschaftlichen Druck auch nicht entziehen, indem man sich einfach gut kleidet. Denn auch das wird in der Leistungsgesellschaft von jedermann und allerfrau erwartet. Es ist paradox und bizarr und hinterlässt uns leicht mit einem Gefühl der Angst. Bei der Überwindung genau dieses Gefühls möchte ich Ihnen gerne zur Seite stehen.

Um sich wirklich schlecht zu kleiden, müssen wir die Pfade der Gewohnheit und des Ungewöhnlichen gleichzeitig verlassen. Das kann gelingen, indem Sie beispielsweise Alltagsgegenstände als Kleidung verwenden. Allerdings solche, die als Kleidung gänzlich ungeeignet sind.

Und geben Sie Ihren antimodischen Entwürfen völlig beknackte Titel: Seien Sie Frozen Ass: Tragen Sie einen aufgesägten Kühlschrank als Unterhose. Seien Sie Elektroflash: Wickeln Sie sich in Stromkabel ein, sodass nur die primären und sekundären Geschlechtsorgane zu sehen sind. Oder bekleben Sie sich von oben bis unten mit Gaffa-Tape und lassen nur Ihren Bauchnabel frei. Dann stecken Sie sich eine Bockwurst in den Nabel und wackeln damit beim Laufen lustig hin und her. Seien Sie Sticky Belly Button Wurst!

Wenn Ihnen das noch nicht reicht, achten Sie bei der Wahl der Bekleidung immer auch auf die unpassende Situation. Tragen Sie einen Nadelstreifenanzug am FKK-Strand und gehen Sie nackt zum Bewerbungsgespräch. Tragen Sie einen Blaumann im Schwimmbad und eine Badehose und Schwimmflügel auf der Baustelle.

Ein toller Effekt entsteht auch durch eine völlig ungeeignete Temperatur der Kleidung. Probieren Sie doch mal, Ihre Wäsche über Nacht in die Tiefkühltruhe zu legen. Das knistert und knuspert beim Anziehen ganz herrlich. Gänsehautgarantie.

Oder kleiden Sie sich wie alle anderen, aber kurz vor Verlassen des Hauses zünden Sie Ihre Klamotten an. Gehen Sie ganz entspannt brennend spazieren und genießen Sie die neidischen Blicke der Passanten. So sind Sie garantiert der am schlechtesten Gekleidete unter schlecht Gekleideten, der Blinde unter den Einäugigen, der Horst unter den Ottos.

Am Rande sei bemerkt, was ich anhatte, während ich dieses Kapitel schrieb: Unterwäsche aus tiefgekühlten Fischstäbchen, eine Hose aus ausgeschnittenen Leserbriefseiten aus dem *Focus* und ein Hemd aus siedendem Öl. Ich nenne den Style »Frittierter Depp mit Frostlachs untenrum«.

11 Schlecht im Internet surfen

Nirgendwo liegen Glück und Unglück des Menschen näher beieinander als im Internet. Sie müssen nicht einmal aufstehen, sondern kriegen alles direkt an Ihren Schreibtisch oder auf Ihr Smartphone serviert. Die größten wissenschaftlichen Errungenschaften der Menschheit, die kühnsten Heldentaten, die schönsten Kunstwerke sind nur einen Mausklick entfernt von einem Video, in dem eine Ziege an einem Elektrozaun leckt und dabei Geräusche macht wie ein Shakira beim Einparken. Und Sie wissen so gut wie ich, dass das Negativbeispiel im vorigen Satz in Wirklichkeit ein sehr moderates Exempel ist. Jeder, der schon einmal online war, hat Dinge gesehen, die weitaus bizarrer, widerlicher und schrecklicher sind als dieses Ziegen-video. Wenn Sie mir nicht glauben, schauen Sie doch mal auf meinem YouTube-Kanal vorbei. Teilweise singe ich da sogar Lieder.

Jetzt werden Sie sagen: »Ja, gut, komm, Sebastian. Bei aller Kritik am überschäumenden Cappuccino der Ratgeberkultur – es wird ja wohl keine Ratgeber zum Internet geben! Da wissen doch alle selbst, wie man das bedient! Oder sie finden es im Internet heraus, die kleinen reziproken Strolche. Aber Bücher mit Tipps über das Internet gibt es doch gewiss nicht!« Mit die-ser Einschätzung liegen Sie jedoch massiv daneben. Das Gegenteil ist wahr: Der Buchmarkt zum Thema brummt und summt wie eine Hornisse in einer halb leeren Red-Bull-Dose.

Es wimmelt von Büchern, die uns das ABC des Internets näherbringen wollen, uns die Sprache und Gepflogenheiten der Online-Welt erklären oder sogar Tipps für spannende Webseiten geben – und zwar samt abgedruckten Links! Verbeugen wir uns vor Sandra Weber, Verfasserin des Werks *Internet für Senioren für Dummies*. Da sind nicht nur tolle Tipps drin, sondern sie schafft es auch, ganz en passant im Titel durchklingen zu lassen, was sie von ihrer Zielgruppe eigentlich hält. Das ist fast so, als würde man einen Ratgeber gegen Ratgeber schreiben. Da müssen sich die Leser doch verhöhnt vorkommen!

Der größte Teil der Bücher über die Optimierung der Internetnutzung wollen jedoch nicht alten Leuten oder Deppen helfen, sondern behaupten, gute Wege zu zeigen, wie man online Geld verdienen kann. Ob nun per Bitcoin, Online-Börsenhandel, virtuellen Flohmärkten, Investitionen in den Neuen Markt oder einfach durch ein plumpes Pyramidensystem – es scheint mannigfaltige reichhaltige Wege zu geben, im Internet Umsatz zu machen.

Wo ich gerade von Dingen sprach, die reziprok sind: Mein aktueller Favorit ist das Taschenbuch *Mit Ratgeber-eBooks im Internet Geld verdienen!* von Michael Uhlworm. Welch kühnen, freien Geist muss man besitzen, dieses Werk als Taschenbuch herauszubringen und nicht etwa als eBook!

* * *

Sie sehen also, es gibt großen Handlungsbedarf, wenn man sich nicht in sein Online-Erlebnis reinreden lassen möchte. Gehen Sie Ihren eigenen Weg, auch virtuell. Machen Sie alles so schlecht wie möglich. Pessimieren Sie Ihr Surfen im Internet!

Ihr Grundsatz sollte dabei ein FDP-Slogan aus dem Bundestagswahlkampf 2017 sein. Das meine ich völlig ernst! Tatsächlich hatte die FDP allerorten riesige Schwarz-Weiß-Fotos ihres Vorsitzenden Christian Lindner plakatiert, der aber auch wirklich ein Hübscher ist und zugleich die Seriosität eines Ratgeber-eBooks ausstrahlt. An einem dieser Plakate bin ich eines Tages vorbeigelaufen und dann stehen geblieben. Ich unterbrach also das Passieren durch Stillstand. Denn neben dem riesigen Foto stand eben jener Slogan: »Digital first, Bedenken second«.

Ich musste spontan lachen. Dann weinte ich ein wenig. Dann lachte ich erneut und hüpfte ein wenig hysterisch umher. Schließlich warf ich mich auf den Boden und rollte herum. Irgendwann habe ich dann einen Freund angerufen, der mich da abholen musste, weil ich es alleine einfach nicht mehr weggeschafft habe.

Digital first, Bedenken second.

Mit diesem Slogan auf ihren Wahlplakaten hat die FDP gewiss die diesjährigen Anglizismus-Weltmeisterschaften gewonnen, die wie immer in Cologne stattfanden.

Digital first, Bedenken second.

Das ist nicht nur formal von berauschender Eleganz, sondern auch inhaltlich ein Schnitzel am Veggie-Day der Weltliteratur.

Digital first, Bedenken second.

Endlich hat jemand erkannt, was das große Problem unserer Zeit ist: Im Internet wird viel zu bedacht gehandelt.

Es ist einfach auch die beste Antwort auf alles, was Sie einem Internetnutzer so erzählen könnten:

»Soll ich wohl bei Rot über die Ampel gehen, während ich auf mein Smartphone starre, um den richtigen Instagram-Filter auf ein Foto von meinem Frühstück zu legen?«

Digital first, Bedenken second.

Bedenken Sie: Vom Lkw angefahren werden ist wie Anlehnen, nur schneller.

»Oh, schau an, eine Freundschaftsanfrage einer mir unbekannten Dame auf Facebook. Sie hat offenbar ein eher geringes Budget für Kleidung, macht aber ein sehenswertes Duckface. Und sie hört auf den originellen Namen Consuela Jürgen Batzendatzen. Ob ich diese Freundschaftsanfrage wohl annehmen sollte?«

Digital first, Bedenken second.

»Sieh mal, ein nubischer Prinz hat mir eine Mail geschrieben. Ein echter nubischer Prinz. Aus Nubien. Er hat einen Diamanten gefunden und braucht nun meine Hilfe, um ihn nach Deutschland zu kriegen. Der Arme kriegt das alleine einfach nicht hin. Und alles was ich tun muss, ist, den Anhang seiner Mail zu öffnen, eine Datei namens ›TrojanischesPferd.exe‹. Ob ich das machen soll?«

Digital first, Bedenken second.

»Kuckuck! Nanu! Da ist plötzlich ein blinkendes Fenster mit neonfarbener Schrift mitten auf meinem Bildschirm. Es sagt mir, dass ich der millionste Google-Nutzer bin. Na, so ein Zufall! Ich hab was gewonnen! Und ich muss nur meine Kreditkartendaten eintragen. Was soll da schon groß passieren? Man sagt doch: Pop-up-Fenster sind das Popcorn des Internets. Und ich liebe Popcorn!«

Digital first, Bedenken second.

»Huch! Hallo! Jemand hat mir einen Link geschickt zu einem Video, das ich mir unbedingt mal anschauen sollte. Wie heißt das? ›Two girls, one cup‹? Das ist ja süß. In Zeiten knapper Kassen teilen sich die beiden Girls ein Becherchen. Vielleicht sind das ja Freundinnen von Consuela Jürgen? Ob ich mir das Video einfach mal anschaue?«

Digital first, Bedenken second.

»Schau mal einer an! Da ist mir jetzt aber wirklich ein schöner Schnappschuss gelungen von meinem Pillermann. Mit Sonnenuntergang im Hintergrund – echt romantisch. Und durch die Perspektive sieht das so aus, als wäre der groß! Eine geschmackvolle erotische Fotografie! Ob ich die wohl mal ungefragt an ein paar junge Damen verschicken sollte?«

Digital first, Bedenken second.

»Was ist denn das? Meine dreizehnjährige Tochter hat im Chat einen gleich alten Jungen kennengelernt.

Der ist gar nicht so ein Kindskopf wie die Jungs in ihrer Klasse, sagt sie. Was der so schreibt, klingt schon fast erwachsen. Und jetzt will der sich mit ihr treffen, ganz unverbindlich in einem Hotelzimmer und ein bisschen Justin Bieber hören. Witzig, der hat ›Justin Bieber‹ falsch geschrieben, obwohl er ein Riesenfan ist. Ob ich ihr erlaube hinzugehen?«

Digital first, Bedenken second.

»Na, Mensch, da ist schon wieder so ein Artikel in meiner Timeline darüber, dass Muslime einfach so Europa überschwemmen mit sich selbst! Und dann klauen die uns hier die Arbeitsplätze und die Frauen und sogar die Arbeitsplätze der Frauen! Das sei sogar wissenschaftlich bewiesen, steht hier! Und mein Arbeitskollege, der Kalle, der hat gemeint, er hat auch schon mal so eine Nachricht im Internet gelesen davon. Aber ob ich deswegen jetzt einfach die AfD wählen sollte?«

Digital first, Bedenken second.

»Huch, wie ungewöhnlich. Da schreibe ich von der AfD-Idee auf Twitter, und dann kommentiert jemand, ich sei so bescheuert, dass ich mich am besten erschießen sollte. Das klingt jetzt aber schon ein bisschen grob. Andererseits, wenn das schon auf Twitter steht … ach …«

Digital first, Bedenken second.

Wie Sie sehen, so schwierig ist es gar nicht. Orientieren Sie sich an diesem simplen Prinzip, werden Sie Ihr Interneterlebnis schnell und nachhaltig pessimieren.

Ein letzter ganz konkreter Tipp: Wenn es Sie stört, dass das Internet kein Ende zu haben scheint, verzweifeln Sie nicht. Besuchen Sie *endedesinternets.de,* das offizielle Ende des Internets. Da ist kein Inhalt, kein Link, nichts. Da ist das Internet einfach zu Ende.

Endlich.

12 Schlecht genesen

Friedrich Nietzsche lässt seinen Zarathustra sagen: »Die Erde, sagte er, hat eine Haut; und diese Haut hat Krankheiten. Eine dieser Krankheiten heißt zum Beispiel: ›Mensch‹.« Damit ist unser Status im Gesamten auch endlich mal geklärt: Wir sind eine Art Neurodermitis in der Armbeuge der Erde. Und Nietzsche ist nach Schopenhauer offenbar der bestgelaunte Philosoph des 19. Jahrhunderts gewesen.

Das Problem an der Krankheit Mensch ist nun aber, dass wir selbst natürlich auch krank werden können. Alle unsere Krankheiten sind somit Krankheiten von Krankheiten – als hätte Ihre Akne Syphilis. Das ist nicht schön, aber leider unvermeidbar.

Nachvollziehbarerweise möchten kranke Menschen wieder gesund werden. Heutzutage ist dazu allerdings in der Regel der erste Schritt, seine Symptome zu googeln und sich allein durch diesen Schritt eine hundertmal schlimmere Krankheit zuzuziehen. Googeln Sie doch aus Spaß an der Freude mal nach »leichten Bauchschmerzen« – die Diagnose des Internets wird schwanken zwischen schweren inneren Blutungen und nahendem Tod durch eine 50:50-Mischung aus Beulenpest und Cholera.

Mein Antrag, das Internet deshalb umzubenennen in Hypochondernet, wurde leider abgelehnt. Von wem? Vom Internet natürlich. Es war im Prinzip dafür, aber meinte, es wäre aktuell zu krank, um so eine Umbenennung psychisch zu verkraften. Apropos »psychisch krank«: Eine der größten Fragen der Philosophie ist ja, warum es überhaupt etwas gibt und nicht viel eher nichts. Kurz: Warum existiert etwas? Noch kürzer: Häh?

Eine der bekanntesten Redewendungen zum Thema Gesundheit gibt die Antwort: »Gesundheit ist nicht alles. Aber ohne Gesundheit ist alles nichts.« Folglich existiert das Universum, weil wir gesund sind. Und wer hat diese schlaue Redewendung verfasst? Natürlich der ungeschlagene Lieblingsphilosoph der Schlechte-Laune-Fraktion, Arthur Schopenhauer. Dass er dagegen keine Chance hatte, musste irgendwann auch Nietzsche einsehen. Er schrieb also irgendwann keine Bücher mehr darüber, wie schlecht die Welt ist, sondern verlegte sich in der Folge darauf, lieber Bücher darüber zu schreiben, wie toll er selbst eigentlich ist. Das ist kein Witz. Mein Favorit ist sein Werk *Warum ich so klug bin*, knapp gefolgt von *Warum ich so gute Bücher schreibe*. Dann wurde Nietzsche leider sehr krank und aus allem wurde nichts. Damit sind zwei Dinge klar: dass die Philosophen mal wieder schön am Rad drehen und dass die Frage nach der Gesundheit eine sehr existenzielle ist.

Ob es zum Thema Gesundheit wohl Ratgeber gibt? Was für eine Frage! Da musste ich erst mal drei Kreuze machen, um keine Schnappatmung zu kriegen vor lauter Klarheit der Antwort! Gesundheitsratgeber gibt es wie Sand im Schritt nach Sex am Strand.

Ob Sie nun von Existenzangst angetrieben werden oder aus reiner Profitgier, die Ratgeberverfasser schreiben sich in eine regelrechte Hysterie, wenn es um Gesundheitstipps geht. Vielleicht kennen sie auch schlicht den Unterschied nicht zwischen Existenzangst und Profitgier. Dabei sind die Ratgeber, die man sich so kaufen kann, teils haarsträubend. Nehmen wir gleich zu Anfang als vielleicht krassestes Beispiel das Buch *Krebs ist ein Pilz* von Tullio Simoncini, erschienen im Mai 2015.

Wenn Sie jetzt denken: Krebs ist in etwa so sehr ein Pilz, wie ein Pferd eine Ananas ist, dann liegen Sie damit ziemlich richtig. Ich habe mich auch gewundert, was da los ist. Es stellt sich heraus, dass Simoncini nicht nur hinter der These steckt, dass Krebs ein Pilz ist, sondern vor allem berüchtigt ist für seinen Ansatz, dagegen vorzugehen. Interessanterweise lehnt er ab, diesen angeblichen Pilz mit einem Mittel gegen Pilze zu behandeln. Sein Vorschlag: Natriumhydrogencarbonat. Das ist ein Natriumsalz, das Sie vielleicht unter anderem Namen kennen: Natron. Es ist auch bekannt als Backsoda. Doch warten Sie noch einen Moment, bevor Sie jetzt begeistert rufen: »Man kann Krebs mit Backsoda heilen? Das ist ja fantastisch und supergünstig, davon habe ich eh noch was hier in der Küche!« Oder auch: »Kann ich eventuell sogar Aids mit Puderzucker heilen?«

Die Therapie ist eben nicht günstig, Simoncini berechnete teilweise deutlich fünfstellige Beträge für eine Kur mit Natron und einen zugehörigen Aufenthalt in seiner Privatklinik. Vor allem aber ist diese Behandlung nicht nur nicht wirksam, sondern teilweise sogar extrem gefährlich: Zahlreiche Patienten starben, entweder infolge der Behandlung oder aufgrund des Umstands, dass sie von Simoncini überredet wurden, auf konventionelle Behandlungen zu verzichten.

Kurz zusammengefasst: Viele Menschen haben ihrem »Arzt« zigtausend Euro dafür bezahlt, von ihm mit Backsoda umgebracht zu werden. Kann man sich nicht ausdenken.

Simoncini wurde die Approbation entzogen, und er wurde wegen Betrugs und Totschlags mehrmals verurteilt. Er verließ Italien und arbeitete in den Niederlanden weiter, später dann in Albanien. Zuletzt wurde er im Januar 2018 zu einer Haftstrafe von fünfeinhalb Jahren verurteilt, weil nach Ansicht des Gerichts einer seiner Patienten infolge der Behandlung an einer Überdosis Backsoda verstarb.

Den oben genannten Ratgeber *Krebs ist ein Pilz* kann man weiterhin erwerben, seine Botschaft, Krebs sei nur ein Pilz und mit Backsoda behandelbar, ist weiterhin im Umlauf. Bei einem bekannten Online-Großhändler ist das Buch beispielsweise ohne einen Hinweis auf das Risiko erhältlich. Das ist ein krasses Beispiel, aber leider nur eines von vielen.

Das Internet und der Buchmarkt sind reich an Scharlatanen, die Menschen raten, sich mit Bleiche eine Krankheit aus dem Körper zu ätzen oder durch das Lagern in der Nähe eines Steins einem Eimer Wasser gesundheitsfördernde Wirkung zuzufügen. Durch die berühmte Steinstrahlung wahrscheinlich. Da darf der Kieselstein dann gerne auch mal tausend Euro kosten.

Wer milde Skepsis an den Methoden anmeldet, wird in Kommentarspalten und Foren als Ungläubiger beschimpft oder als »geheimer Agent der Pharmalobby« bezeichnet. Ich freue mich schon auf Ihre Fanpost – und die Überweisungen der Pharmalobby!

Aber mal im Ernst, man gerät ins Staunen, wenn man sieht, was heutzutage alles angeboten wird. Selbst der Aderlass ist wieder im Kommen. Sie haben richtig gelesen. In entsprechenden Kreisen denkt man offenbar, dass das Mittelalter medizinisch gesehen doch ein toller Ratgeber war. Aderlass! Im Ernst jetzt? Es kann eigentlich nicht mehr lange dauern, bis wieder jemand ankommt und uns erklärt, wie man rote Haare mit einer Feuertherapie behandeln kann.

Guckt mal auf den Tacho, Freunde! Es ist 2018! Ich bin schon wieder kurz davor, mich aufzuregen! Stattdessen stelle ich mir lieber die Patientengespräche vor: »Herr Meyer, Sie haben eine schwere Lungenentzündung. Ich werde Ihnen daher jetzt mal einen Liter Blut abzapfen. Wenn das nicht hilft, schneide ich Ihnen auch noch zwei bis drei Gliedmaßen ab. Dann stört Sie die Lungenentzündung auch nicht mehr so.«

Selbstverständlich sind nicht alle Gesundheitsratgeber von Scharlatanen verfasst. Und nicht alle Gesundheitsratgeber, die von Scharlatanen verfasst sind, sind derart gesundheitsgefährdend. Die meisten wollen einfach nur Ihr Geld und pfeifen auf Ihr Wohlergehen. Denn wie heißt es schon im hippokratischen Eid, den alle Ärzte schwören: »Meine Verordnungen werde ich treffen zu Nutz und Frommen der Kranken, nach bestem Vermögen und Urteil.«

Also bemühen sich die Ratgeber, das Vermögen ihrer Verfasser nach Kräften zu vermehren. Das leuchtet ein. Und der Plan scheint sehr gut aufzugehen. Es gibt keinen Zeitpunkt, an dem in der Sachbuch-Bestsellerliste nicht mehrere Gesundheitsratgeber in den Top Ten wären. Es fehlt deutlich der Raum, um hier auf alle Vorschläge einzugehen, die da zum breiten Spektrum menschlicher Genesung gemacht werden. All die Wässerchen, Pillen, Kräuter, Obstsorten, Gemüse, Bewegungstherapien, bis zur Unkenntlichkeit verdünnte Gifte, Handauflegen, Fußauflegen, Knieauflegen – die Reihe kann endlos fortgesetzt werden und würde locker ein ganz eigenes Buch füllen.

Nun ist mein Ansatz hier ja nicht zu bestreiten, dass womöglich einzelne Ratschläge tatsächlich helfen. Ob sie nun eine eigene Wirkung haben oder nur wirken, weil die Patienten daran glauben. Für einen geheimen Agenten der Pharmalobby ist das eine recht ungewöhnliche Aussage, das ist mir schon klar.

Aber lassen Sie mich den Gedanken zu Ende führen. Ich will nämlich noch nicht mal behaupten, dass die Schulmedizin die Weisheit für sich gepachtet hätte und alle alternativen Heilmittel per se unwirksam seien. Im Gegenteil: Ich sage, dass beide komplett unwirksam sind. Das Einzige, was gegen Krankheiten hilft, ist dieses Buch hier. Und zwar vollständig symptom- und diagnoseunabhängig. Egal was Ihr Patient hat, kloppen Sie ihm einfach mein Buch quer übers Gesicht und überweisen Sie mir 10000 Euro.

Und denken Sie dabei an zwei Dinge. Erstens: Falls das nicht hilft, dann haben Sie nicht genug daran geglaubt und gehören vermutlich selbst zur Pharmalobby oder sind ein durchgeknallter Schamanenguru oder beides. Zweitens: Ich kenne einen Mann, dessen Nachbar hat einen Cousin, bei dem das total gut geholfen hat. Das ist doch Beweis genug.

13 Schlecht in sozialen Netzwerken

Es gibt kaum bessere Wege, sich alt zu fühlen, als sich mit Jugendlichen oder jungen Erwachsenen über soziale Medien zu unterhalten. Da hat man sich gerade noch cool und flippig gefühlt, weil man sich eine Myspace-Seite eingerichtet hat – und schon ist Myspace anscheinend nur noch so zeitgemäß wie die Worte »cool« und »flippig«. Nun ist das ein krasses Beispiel, aber es gilt in ähnlicher Form auch für viel neuere soziale Medien.

Sind Sie über 25 Jahre alt und denken, dass alle Achtzehnjährigen sich auf denselben Social-Media-Plattformen herumtreiben wie Sie? Denken Sie erneut. Natürlich gucken die Kids heutzutage auch mal bei Facebook oder Twitter vorbei. Aber nur, um zu schauen, ob es ihren Eltern noch gut geht. Und so läuft jedes Gespräch zu diesem Thema mit Jungmenschen unweigerlich darauf hinaus, dass man zurechtgewiesen wird. »Auf gar keinen Fall kannst du was bei flickr posten! Wer bist du? Der Urgroßvater von Methusalem?« Oder: »So geht das nicht, du kannst nicht dein eigenes Foto liken!« Oder gar: »Was machst *du* denn bei Snapchat? Ist dein Grammophon kaputt?«

Lassen Sie sich das Leben davon nicht vermiesen! Sie sind über 25 Jahre alt, das bedeutet natürlich, dass die Rente schon vor der Tür steht! Kleiner Spaß, wenn Sie gerade 25 Jahre alt sind, werden Sie niemals Rente kriegen. Das an Ihrer Tür ist nicht die Rente, das ist einfach der Tod. Aber bis es vorbei ist, lassen Sie sich nicht reinreden! Machen Sie Ihr eigenes Ding! Zeigen Sie den Kids, was eine Harke ist! Nein wirklich, zeigen Sie den Kids, was eine Harke ist. Die sind fast erwachsen, es wird Zeit, dass sie alle Gartengeräte kennenlernen.

Zurück zum Thema: Gehen Sie Ihren eigenen Weg! Pessimieren Sie Ihre Online-Performance! Seien Sie sehr, sehr schlecht in sozialen Netzwerken! Seien Sie der unangenehme Onkel-Witz im Netz!

* * *

In sozialen Netzwerken unangenehme Erfahrungen zu machen scheint auf den ersten Blick keine hohe Kunst. Äußern Sie einfach eine politische Meinung, posten Sie ein Bild von sich, das mit den verkorksten Schönheitsidealen bricht, oder seien Sie einfach eine Frau, die sich zu einem völlig harmlosen Thema wie »Gaming« äußert: ZACK! Shitstorm! Schon türmen sich die feinsten Beleidigungen, Verwünschungen und Drohungen in den Kommentaren und in Ihrem Postfach.

Ich habe das im Bereich des politischen Kommentars ausführlich versucht und bin zu dem Ergebnis gekommen, dass man heutzutage in der rechten Hälfte des Internets schon als linksradikal gilt, wenn man sich lediglich auf das Grundgesetz beruft. Andersherum kann man fast ebenso leicht in der linken Hälfte des Internets als rechtsradikal gelten, wenn man sich lediglich auf das Grundgesetz beruft. Die allgemeine Hysterie ist kurz vor dem Punkt, an dem man nur noch auf Facebook posten muss: »Ich bin da.«

Und dann werden einem deswegen die unterschiedlichsten extremen politischen Positionen unterstellt. Umso schöner ist es natürlich, wenn Sie sich tatsächlich ein bisschen deutlicher positionieren. Doch gehen Sie schrittweise vor. Probieren Sie zunächst etwas, von dem Sie denken, okay, das ist noch sehr nah an der Mitte.

»Ich finde ja, dass wir alle Menschen sind, ob wir nun in Deutschland geboren wurden oder im Ausland.« Sobald Sie derlei Dinge posten, schallt es Ihnen entgegen: »Volksverräter!« »Linksversiffter Gutmensch!« »Bahnhofsklatscher und Teddywerfer!« Und natürlich, wenn Sie die Sache geschlechtsneutral formuliert haben: »Du genderwahnsinniger Toleranzromantiker!« Bedenken Sie, dass Sie hierfür noch nicht viel tun mussten. Das geht ja alles noch von ganz alleine, indem Sie lediglich Allgemeinplätze formulieren.

Ich habe mich jedoch in der Vergangenheit einige Male testweise klar und deutlich kritisch zu rechtspopulistischen Aussagen geäußert, gängige Verschwörungstheorien hinterfragt oder auf das wachsende Problem rechts motivierter Gewalttaten in Deutschland hingewiesen. Gut, okay, vielleicht war das auch nicht nur ein Test. Vielleicht bin ich das Schlimmste von allen: ein bahnhofsversiffter Teddyromantiker. Aber ich habe auf diesem Weg viele neue Dinge gelernt. Direkt an mich gerichtet oder auch an Leute, die ähnliche Aussagen tätigten, ging ein Sammelsurium interessanter Formulierungen ein:

Eine Frau wurde als »linkslinke Linksfaschistin« bezeichnet. Das ist schon beeindruckend! Noch einmal mehr links und es ginge so oft um die Ecke, dass sie ein Quadrat wäre! Oder man wird als »Buntstalinist« betitelt, also in etwa eine Mischung aus einem Wellensittich auf Ecstasy und Stalin. Am schönsten fand ich das Wort »veganverschwult«. Das drückt nicht nur ein rückständiges und homophobes Weltbild aus, sondern führt implizit auch mit sich, dass der Kommentator vermutlich Tofu oder Dinkel niemals essen würde – aus Angst, dadurch homosexuell zu werden. Ich sag mal so: Wenn Sie davon ausgehen, dass Sie nur ein wenig vegan leben müssten, um sich danach für das gleiche Geschlecht zu interessieren, dann ist das sicherlich auch schon vorher der Fall gewesen. Und das ist ja auch nicht schlimm. Also, entspannt euch, esst Gemüse, kommt aus dem Schrank und ruft laut: »Ich bin da.«

Den Gipfel meiner Erfahrungen mit Hassposts habe ich erst kürzlich erreicht. Da habe ich eine von der Redaktion der *Tagesschau* gepostete Studie geteilt, wonach der Hass im Internet nicht von der Mehrheit der Nutzer ausgeht, sondern es nur so erscheint, weil die hassende Minderheit am lautesten ist. Es folgte eine scheinbar ganz normale Reaktion: Jemand kommentierte wenige Minuten später darunter, man solle mir ein Messer in meinen Gutmenschenwanst stecken. Das hat mich im ersten Moment schon etwas betroffen gemacht, weil ich gerade eine Diät gemacht hatte.

Aber dann wurde mir klar, dass ich das Potenzial der sozialen Netzwerke unterschätzt habe. Man kann so viel mehr Hass auf sich ziehen, so viel mehr Stress haben, so viele unangenehme Erfahrungen anhäufen, wenn man sich nur bemüht. Soziale Netzwerke, richtig eingesetzt, sind ein hervorragender Beschleuniger auf unserem Weg hinaus aus der Leistungsgesellschaft und weg von der verdrehten Jagd nach dem Glück.

Eine der größten Schwierigkeiten dabei ist es ja, die eigene Filterblase zu durchbrechen. Man kennt das Problem: Sie sind in sozialen Netzwerken hauptsächlich mit Menschen verbunden, die ähnliche Ansichten wie Sie haben und die Sie mögen. Wenn Sie daher eine politische Ansicht posten, wird Ihr Freundeskreis oder Ihre Familie meistens wohlwollend reagieren und sich, wenn kritisch, dann freundlich äußern. Sollten Sie das regelmäßig betreiben, erreichen Sie schnell eine größere Reichweite von Menschen, die alle ähnliche Ansichten haben, weil diese Ihnen folgen werden und alles liken, was Sie so raushauen.

Diese gleichgesinnte Filterblase ist natürlich ein Hindernis, wenn Sie unangenehme Erfahrungen machen wollen. Daher ist mein ultimativer Ratschlag zur Pessimierung Ihres Online-Lebens: Wechseln Sie schnell und regelmäßig Ihre Positionen. Sammeln Sie durch rechte Aussagen Fans auf dieser Seite des politischen Spektrums und schreiben Sie dann, dass Sie finden, dass Deutschland und alle Deutschen sterben sollten, damit der Islam, der Sozialismus und die Kiffer sich das frei gewordene Gebiet zu je 33 Prozent teilen können. Dann warten Sie ein wenig und posten die Behauptung, dass Muslime eine höhere Tendenz zu Kriminalität haben. Und dann wieder, dass Sie Angela Merkel für ihre Politik der offenen Grenzen bewundern und gerne mit Teddys werfen. Hass, Verwirrung, Wut und Verzweiflung sind Ihnen sicher. Insbesondere auf Facebook, wo es anscheinend schwerpunktmäßig darum geht, recht zu haben und nachzuweisen, dass alle anderen unrecht haben.

Auf Plattformen, die eher auf Bild als auf Text zielen, wie zum Beispiel Instagram, brauchen Sie sich so ausführliche Gedanken gar nicht zu machen. Da reicht es, wenn Sie sich selbst fotografieren, einfach so, ungeschminkt, vor einem alltäglichen Hintergrund, ohne Accessoires und vor allem ohne Filter. Falls Sie eine Plauze haben, lassen Sie diese ruhig unterm zu kurzen T-Shirt hervorblitzen. Falls Sie eine Tennisballgroße offene Eiterbeule im Gesicht haben, legen Sie den Fokus darauf, statt geschickt daran vorbei zu fotografieren. Kurz: Unterlassen Sie alle Versuche einer Selbstinszenierung. Setzen Sie dann aber jede Menge Hashtags wie #beauty, #natural, #sexy oder #body darunter, denn auf diesem Weg verbreitet sich das Bild und sammelt Ihnen zahlreiche neue Hasser ein.

Oder fotografieren Sie den Kölner Dom und schreiben Sie dazu, dass das ein Bild des Doms in Aachen ist. Und beginnen Sie eine Diskussion mit jedem, der Sie korrigieren möchte. Ganz wichtig: Weichen Sie nicht von Ihrem Standpunkt ab. In sozialen Netzwerken geht es immer darum, recht zu haben. Das scheint in Deutschland sogar noch mehr zu gelten als in anderen Ländern. Aber vielleicht behaupte ich das auch nur, weil ich ein linksverteddyter Volksgenderklatscher bin.

Wenn Sie sich geschickt platzieren können, genau zwischen den Deutschen und seinen unermüdlichen Versuch, mehr recht zu haben als alle anderen, wird Ihnen zu jeder Tages- und Nachtzeit der allerfeinste Stress kostenlos ins Haus geliefert. Genießen Sie das gute Gefühl, entspannt zu wissen, dass Sie im Unrecht sind, während kübelweise Abscheu über Sie gegossen wird.

Auch auf Twitter gibt es einen ganz einfachen Weg, sich gründlich mit Wut beschmeißen zu lassen: Lesen Sie alle Tweets, die Sie finden können, einfach Korrektur. Posten Sie die korrigierten Tweets direkt als Antwort, versehen mit dem Kommentar »Ts, ts, ts«. Es gehört in weiten Teilen von Twitter dazu, dass dort die Menschen absichtlich auf Rechtschreibung und Grammatik verzichten und sich einen Spaß daraus machen, die Sprache zu verbiegen. Lassen Sie den ultimativen Spielverderber raushängen und signalisieren Sie, dass Sie überhaupt keine Ahnung haben, was hier gespielt wird. Sie werden nicht glauben, wie viel Zeit sie daraufhin mit unnötigem Streit verbringen können.

Was bei Snapchat los ist, kann ich Ihnen hingegen leider nicht sagen. Ich habe versucht, mich dort anzumelden. Als ich im Zuge dessen mein Alter angegeben habe, öffnete sich statt Snapchat automatisch die Seite eines nahe gelegenen Beerdigungsinstituts. Im Prinzip ein netter Service.

Wenn Sie es auch lieber ruhiger mögen und trotzdem schlechte Erfahrungen machen wollen, dann melden Sie sich doch bei Myspace an. Da wird sich garantiert keiner mit Ihnen streiten, und Sie erleben eine ganz neue Form von Einsamkeit: Alleine im sozialen Netzwerk.

Endlich.

14 Schlecht Schmink-Tutorials machen

Machen Sie ein Schmink-Tutorial.

TEIL 3
SCHLECHTE KULTUR

>> Kunst: Minderwertige Form von Werbung. Beworben wird in den meisten Fällen Geschlechtsverkehr mit dem Kunsttreibenden (Künstler). <<

(VOLKER STRÜBING)

15   Schlecht schreiben

Es gibt auf dem Buchmarkt eine erschreckend hohe Anzahl von Ratgebern für angehende Autor*innen, und auch das Internet ist voll mit Blogs, Vlogs, Tutorials, Lifehacks, Schnogs, Bibbelgnobber und Anleitungen zu dem Thema – und nur ganz wenige von diesen Beispielen habe ich mir ausgedacht. Das ist so weit nicht erstaunlich – Ratgeber und ihre virtuelle Verwandtschaft tanzen ja auf jeder Veranstaltung ihr Tänzchen.

Spannend ist allerdings, dass so gut wie alle Autor*innen zum Thema, wie man gute und erfolgreiche Texte und Bücher schreibt, selbst keine guten und erfolgreichen Texte und Bücher schreiben.

»Hier, probieren Sie mal mein Essen, das keiner haben will, weil es zu weiten Teilen aus Eseldung besteht.«

»Nein, danke, das klingt ja fürchterlich.«

»Na, dann kaufen Sie doch vielleicht mein Buch mit Rezepten!«

»Das ist ja eine ganz fantastische Idee. Da nehme ich gleich zwei.«

Das leuchtet ein. Doch lassen wir das. Da wird mir nur schwindelig von. Erzählt mir nichts vom Schweigen. Machen wir uns lieber direkt und aktiv an die Lösung und schreiben wir möglichst schlecht. Aber wie geht das eigentlich?

Sicher haben Sie schon mal einen Text von Tim Bendzko gehört oder in den Nachrichten verfolgt, wie eine schlecht geschriebene Doktorarbeit für zahlreiche Politiker*innen der Weg in einen frühen Ruhestand gewesen ist. Sicher lesen Sie manchmal die Kommentarspalten auf Facebook, oder Sie haben einen Geburtstagsgruß für Großmutter im lokalen Blättchen entdeckt. Sicher kennen Sie *bento.de* und die hier erschienenen Höhenflüge des deutschsprachigen Pseudojournalismus. Sicher sind Sie vertraut mit dem Werk von Don Alphonso, Ronja von Rönne oder Immanuel Kant.

Und Sie fragen sich: Wie schreiben all diese Menschen nur so herrlich schlecht? Und wieso gelingt mir das nicht? Seien Sie unbesorgt: Schlecht schreiben ist keine Hexerei, sondern letztlich ein Handwerk wie jedes andere auch. Man kann die Grundtechniken lernen und durch viel Übung verfeinern. Sicherlich, das braucht Zeit, man wird nicht gleich am ersten Tag einen Leitartikel für die *ZEIT* verfassen. Aber wenn man dranbleibt und einige Grundregeln verinnerlicht, dann hat man eine gute Chance darauf, der nächste Matussek zu werden.

Ein schlechter Text braucht vor allem erst mal ein schlechtes Thema. Da müssen Sie nicht lange suchen, nehmen Sie einfach etwas, das in letzter Zeit schon von vorne bis hinten und dreimal um den Kühlschrank herum durchdiskutiert wurde. Oder noch besser: Nehmen Sie ein Thema, das vor fünf Jahren brandaktuell war und für das sich jetzt niemand mehr interessiert. Setzen Sie sich also zum Beispiel mit Bubble Tea auseinander oder der Piratenpartei. Schreiben Sie über Klapphandys oder Myspace. Verfassen Sie einen Text, in dem Matussek, Ronja von Rönne und Tim Bendzko vorkommen.

Wenn Sie dabei konsequent schlecht schreiben wollen, sollte schon der erste Satz jegliche Laune im Leser ruinieren. Der Einstieg in den Text ist von zentraler Bedeutung. Hier gibt es bereits die erste große Chance, alles falsch zu machen. Das kann natürlich auf viele Weisen geschehen, aber eine Mischung aus langweilig und bizarr erweist sich als besonders effektiv.

Schauen Sie sich beispielsweise diesen ersten Satz eines Romans an: »Es ist überhaupt nichts los in der Steppe, und alles ist total öde, und gar nichts passiert, aber 4000 Pfund Hackfleisch sprechen mit einer neongrünen Federboa über Lungenkrebs.« Gut, okay, okay. Ich gebe zu, ich persönlich würde nach diesem ersten Satz auch weiterlesen wollen. Das liegt daran, dass das Gleichgewicht von langweilig und bizarr deutlich zu Ungunsten der Langeweile gekippt ist.

Besser ist dieser Einstieg in den Roman *Die Rauheit der Faser* von Erwin Klimperkleister: »Raufasertapete hängt an Wänden und ist weiß oder grau oder hellgrau-weißlich, und das interessiert keinen Menschen. Aber sie hängt da halt und ist Tapete. Weil sie rau ist und auch fasrig, heißt sie Raufasertapete, seitdem sie so getauft wurde. Sie war damals schon weiß oder grau oder hellgrau-weißlich. Ansonsten ist hier nicht viel los. Und es wird auch in Zukunft nichts los sein. Es sei denn, eines Tages verliert der Kleister seine Haftwirkung. Dann ist die Raufasertapete los. Rau und fasrig jedoch bleibt sie für immer.« Na, sind Sie schon eingeschlafen?

Schön ist auch dieser Trick: Verraten Sie bereits im ersten Satz das Ende der Geschichte. Diese Technik, die Fachleute »Self-Spoiler« nennen, ist derart schlecht, dass sie wirklich jeden Leser vergraulen wird. Dann haben Sie den Rest der Geschichte nur für sich.

Fast ebenso wichtig wie der Anfang ist natürlich das Ende einer Geschichte. Hier gilt: Sollten Sie aus Versehen Spannung aufgebaut haben, lösen Sie diese auf keinen Fall auf. Sprechen Sie im letzten Absatz einfach stattdessen ein völlig neues Thema an.

Fortgeschrittene bauen im letzten Satz einer Geschichte gerne auch noch zwei, drei neue Figuren ein. Oder versetzen einen Mittelalterroman mit wenigen Worten in ein Raumschiff auf einer Marsexpedition, ohne dies weiter zu erklären. Schön ist auch, wenn Sie den letzten Satz einer langen Geschichte nicht zu Ende führen, sondern ihn mittendrin

Sollte es Ihnen gelingen, dass Sie einen schlechten Anfang und ein wirklich blödes Ende haben, müssen Sie nur noch darauf achten, dass dazwischen kein Spannungsbogen entsteht.

Wechseln Sie dazu nach Belieben die Gattung. Steigen Sie in einen Krimi ein, der ein Trauerspiel wird, dann eine Romanze, dann eine Komödie und schließlich erotische Zombie-Science-Fiction in Reimform.

Nutzen Sie unbedingt und zu jeder Zeit jedes zur Verfügung stehende schlechte Wortspiel. Es ist letztlich irrelevant, wie weit sie es an den Haaren herbeischleifen müssen.

Werfen Sie in einem Text über Tennis die Frage auf, warum Boris Becker nicht Rebecca Becker heißt. Oder fragen Sie, wieso Carsten Maschmeyer nicht Kasten Ascheimer heißt. Das ist weder lustig noch relevant. Perfekt.

Schreiben Sie unbedingt auch »Zum Bleistift« statt »Zum Beispiel«, das wirkt pfiffig und grottig zu gleichen Teilen.

Den Willen zum Bizarren offenbaren Sie auch, indem Sie es einigen besonders originellen Autoren von Internetratgebern gleichtun und in einem Printmedium einen kompletten Link samt »http« und »www« und allem Schnickschnack abtippten, nur um ein paar Zeilen zu schinden. Denn niemand wird jemals hingehen und eine solche URL abtippen.

Sehen Sie sich als Beispiel einmal diesen spannenden Artikel zu den Behandlungsmöglichkeiten für Prokrastination an:

https://de.wikipedia.org/wiki/Prokrastination#-Behandlungsans%C3%A4tze

Nutzen Sie ausführlich Copy-Paste. Denken Sie daran: Je länger ein Text, umso klüger wirkt er.
Nutzen Sie ausführlich Copy-Paste. Denken Sie daran: Je länger ein Text, umso klüger wirkt er.
Nutzen Sie ausführlich Copy-Paste. Denken Sie daran: Je länger ein Text, umso klüger wirkt er.
Nutzen Sie ausführlich Copy-Paste. Denken Sie daran: Je länger ein Text, umso klüger wirkt er.
Nutzen Sie ausführlich Copy-Paste. Denken Sie daran: Je länger ein Text, umso klüger wirkt er.

https://de.wikipedia.org/wiki/Prokrastination#-Behandlungsans%C3%A4tze

https://de.wikipedia.org/wiki/Prokrastination#-Behandlungsans%C3%A4tze

Nutzen Sie ausführlich Copy-Paste. Denken Sie daran: Je länger ein Text, umso klüger wirkt er.

Nutzen Sie ausführlich Copy-Paste. Denken Sie daran: Je länger ein Text, umso klüger wirkt er.

Nutzen Sie ausführlich Copy-Paste. Denken Sie daran: Je länger ein Text, umso klüger wirkt er.

Nutzen Sie ausführlich Copy-Paste. Denken Sie daran: Je länger ein Text, umso klüger wirkt er.

Nutzen Sie ausführlich Copy-Paste. Denken Sie daran, je länger ein Text, umso klüger wirkt er.

Nutzen Sie ausführlich Copy-Paste. Denken Sie daran: Je länger ein Text, umso klüger wirkt er.

Nutzen Sie ausführlich Copy-Paste. Denken Sie daran: Je länger ein Text, umso klüger wirkt er.

Nutzen Sie ausführlich Copy-Paste. Denken Sie daran: Je länger ein Text, umso klüger wirkt er.

https://de.wikipedia.org/wiki/Prokrastination#-Behandlungsans%C3%A4tze

Klauen Sie auch Ideen von anderen. Aber nicht von mir, Sie Schmock!

16 Schlecht gärtnern

»Der Gärtner ist immer der Mörder«, hieß es weiter oben im Kapitel »Schlecht Gäste empfangen«. Ein recht abgedroschenes Klischee, wenn Sie mich fragen. Aber gut, als ich das Kapitel letzte Woche verfasst habe, war ich auch noch deutlich jünger und naiver. Mittlerweile ist mir selbstverständlich klar, dass der Gärtner nicht immer der Mörder sein kann. Er muss zwischendurch auch mal der Gärtner sein. Das hat logische Gründe.

Um die Aufgabe der Gartenbearbeitung optimal erfüllen zu können, stellt die Leistungsgesellschaft auch zu diesem Thema jede Menge Ratgeber parat. Darunter jede Menge Vorhersehbares zur Pflege und Kultivierung von Pflanzen und zum Anlegen von Wegen, Brunnen, Teichen, Landebahnen, Gartenhütten oder Vogelhäuschen. Was man halt so im Garten hat.

Es gibt aber auch die Ratgeberverfasser, die etwas kreativer werden, als uns nur zu zeigen, was eine Harke ist: *Die »Unkräuter« in meinem Garten: 21 Pflanzenpersönlichkeiten erkennen & nutzen* heißt ein Buch von Wolf-Dieter Storl. Wenn ich an phlegmatischen Ginster, melancholische Melone oder gar cholerische Rucola denke, kommt mir vor allem ein Verdacht: Vielleicht war doch nicht der Gärtner der Mörder, sondern der Garten!

Spannend fand ich auch Ute Bauer und Ursel Borstell, die sich *Gärtnern im Präriestyle* haben einfallen lassen. Um den heimischen Kleingarten in eine ordentliche Prärie zu verwandeln, braucht man nur einen Kaktus, einen Kojoten und 4000 Büffel.

Vielleicht denken Sie aber auch »mehr ist mehr« und tendieren daher eher zu *222 geniale Lifehacks für Pflanzenfreunde* von Antje Krause oder zu der etwas weniger enthusiastischen B-Seite *5555 mittelmäßige Lifehacks für Pflanzensympathisanten*, die ich mir komplett selbst ausgedacht habe. Denn auch ich kann nicht immer nur der Mörder sein. Ich muss zwischendurch auch mal der Quatscherzähler sein. Das hat keine logischen Gründe. Ich will einfach keinen umnieten. Mein Gärtner sagt, es ist besser so.

Apropos: Katrin Lugerbauer wagt sich ins Reich der Finsternis mit ihrem Buch *Schattenstauden: Die dunkle Seite Ihres Gartens*. Hinter dem pechschwarzen Cover lauert ein düsteres Geheimnis: Die Schattenstaude ist Luke Skywalkers Vater! Okay, ich gebe zu, das habe ich nur geraten, denn ich habe mich nicht getraut, das Buch zu lesen.

Über den Titel *Leckeres vom Balkon* von Joachim Mayer musste ich hingegen lachen. Das lag weniger an ihm und mehr daran, dass auf meinem Balkon aktuell nichts steht außer einer Kiste Bier.

Tatsächlich macht das Thema »Gärtnern auf dem Balkon« einen beachtlichen Teil der entsprechenden Ratgeberliteratur aus. Mein Favorit in dieser Rubrik war zunächst *Balkon für Faule* von Ursula Kopp, bis ich rausfand, dass das nur ein Trick war. Auch Frau Kopp reicht die Kiste Bier nicht, es müssen Pflanzen sein – jedoch winterharte Pflanzen, die wenig Pflege brauchen. Ich finde die Idee inkonsequent. Meine Kiste Bier braucht nicht nur überhaupt keine Pflege, sondern ist derart winterhart, dass sie die Kälte noch zu ihrem Vorteil zu nutzen weiß.

* * *

Ich muss ehrlich sein: Viele Gartenratgeber waren mir sehr sympathisch, vor allem, was die überbordende Kreativität angeht. Daher habe ich das Experiment gewagt, wirklich schlecht zu gärtnern und trotzdem den Tipps aus der Literatur zu folgen.

Um ehrlich zu sein, habe ich bei der Recherche zu diesem Kapitel sogar mehr oder weniger aus Reflex angefangen, die Kiste Bier auf meinem Balkon zu gießen. Das hatte erst mal keinerlei spürbaren Effekt. Aber als ich dann ein wenig Muttererde hinzufügte und einen Teelöffel Eseldung, sah das Ganze schon anders aus. Das hat mich sehr gefreut, denn ich hatte zunächst keinerlei Eseldung in meiner Vorratskammer gehabt. Es war dann doch einiger Aufwand notwendig, um in der Bochumer Innenstadt einen Esel ausfindig zu machen, der bereit war, mir auf meinen Teelöffel zu kacken.

Zusätzlich hatte ich die Bierkiste auf meinem Balkon etwas erhöht angebracht, sodass mehr Sonne darauf fiel, insbesondere die wertvolle Morgensonne. Und siehe da: Erste kleine Sprossen traten oben aus den Kronkorken der Flaschen und auch aus den Rändern der Kiste. Auf Anraten eines Experten habe ich dem Bier dann in der nächsten Vollmondnacht etwas vorgetanzt und anschließend das Foto einer gut gewachsenen Gurke danebengehängt. Dieses Bild war in den sattesten Grüntönen gehalten und sollte das Bier positiv motivieren.

Statt einfaches Wasser zum Gießen zu verwenden, kochte ich regelmäßig Kartoffeln (ganz wichtig: mit Schale) und goss das Bier mit dem Wasser aus dem Topf. Natürlich nachdem es auf Zimmertemperatur abgekühlt war, ich wollte die sensible Pflanzenpersönlichkeit des Bieres ja nicht erschrecken. Nicht dass die Kiste ausflippt und rumschreit. Ich kenne nämlich Leute, die von cholerischen Bierkisten heimgesucht wurden und sich nie ganz davon erholt haben. Zum Glück lief es bei mir besser. Aus den anfänglich winzigen Sprossen hatten sich inzwischen Triebe gebildet, die sich kühn in die frische Brise streckten. An einigen davon trug die Pflanze sogar schon erste Knospen.

Um den Vorgang zusätzlich zu beschleunigen, stellte ich einen Kaktus und einen Kojoten dazu. Die für den vollständigen Präriestyle notwendige Büffelherde war leider nirgendwo erhältlich. Nicht einmal auf Amazon konnte ich mir Büffel bestellen. Eine Frechheit eigentlich. Es ist 2018. Menschen fliegen demnächst zum Mars, berechnen freihändig den Urknall und haben taschentuchgroße Supercomputer in den Hosentaschen. Diese Supercomputer sind mit unkaputtbarem Gorillaglas überzogen und trotzdem fast alle voller Risse.

Ein Wahnsinn, was heutzutage technisch alles möglich ist. Aber eine einfache Büffelherde online zu bestellen, das geht anscheinend immer noch nicht. Die digitale Revolution zieht an Deutschland vorbei und winkt uns von Weitem sehnsüchtig zu – es ist traurig. Aber gut, man darf sich nicht unterkriegen lassen. Es ging auch so. Der Kojote und der Kaktus hatten nach einigen Wochen einen deutlich spürbaren Effekt. Begünstigt durch die pralle Frühlingssonne öffneten sich die Knospen, und an den mittlerweile locker einen Meter in die Luft ragenden Ästen zeigten sich wunderschöne hellbraune Blüten.

Ich begann, der Pflanze gut zuzureden und probierte es sogar mit Dirty Talk. Das soll ja besonders anregend sein, hatte ich gelesen. »Du schaffst das, Baby! Gib alles! Streck dein Chlorophyll der immergeilen Sonne entgegen und lass dich von ihrem harten UV-Strahl mal richtig schön durchnehmen!« Mag sein, dass ich mich da ein wenig reingesteigert habe. Ich kann auch nicht zu 100 Prozent ausschließen, dass ich dabei auf dem Balkon recht laut geworden bin. Mag sogar sein, dass einige Nachbarn die Polizei gerufen haben. Womöglich hat es einige Stunden gedauert, dem Streifenpolizisten, der daraufhin bei mir klingelte, zu erklären, was vorgefallen war. Aber nachdem er meine Bierpflanze gesehen hatte und ich versprach, ab jetzt ruhiger zu gärtnern, ließ er mich mit einer Verwarnung davonkommen. Ich meine sogar ein Lächeln auf seinem Gesicht gesehen zu haben.

In den kommenden Wochen ging ich es etwas ruhiger an. Ich konnte nicht riskieren, dass ich im Knast landete und den Moment verpasste, wenn meine Pflanze erste Früchte trägt. Tatsächlich ist Gärtnern letztlich auch eine Sache der Geduld. Es dauerte noch bis in den frühen Herbst. Aber dann war es so weit: Ich konnte ernten.

Im weit verflochtenen Geäst, das in der Bierkiste wurzelte, war prächtiges Obst gediehen: Reife kleine Bierflaschen, die man direkt so verzehren konnte – natürlich erst, nachdem man sie geschält hatte. Die Schale ist sehr hart und größtenteils aus Glas und gilt damit für den Verzehr als völlig ungeeignet. Das Bier selbst hingegen, das sich in flüssiger Form im Inneren der Frucht verbirgt, ist köstlich, vor allem auch, weil der Stolz und die Freude, es selbst angebaut zu haben, dabei immer mitschwingt. Das klingt gut, oder? Ist aber totaler Quatsch!

Also, ich habe das schon alles tatsächlich probiert und sämtliche Gartentricks auf meine Bierkiste angewandt. Aber die Kiste Bier steht immer noch komplett unverändert auf meinem Balkon herum. Muss an der fehlenden Büffelherde gelegen haben.

17 Schlecht denken

Zu den Bestsellern unter den Ratgebern gehören jene, die uns beibringen wollen, positiv zu denken. Man kennt das ja. Während einem ein Rudel waidwunder Hyänen das linke Bein abknabbert, greift man besonnen nach einem Ratgeber, der einem hilft, der ganzen Sache auch etwas Positives abzugewinnen. Zum Beispiel, dass man in Zukunft nur noch halb so viel Geld braucht beim Erwerb von Schuhen.

Ein aktueller Bestseller ist *Das Robbins Power Prinzip* von Anthony Robbins. Robbins ist ein Großmeister in Neurolinguistischer Programmierung (NLP) und grinst gerne in jede Kamera. Schauen Sie sich mal ein Bild von ihm an. Der Mann sieht aus wie das uneheliche Kind von Lothar Matthäus und dem Dentagard-Biber. Und er hat ein Power-Prinzip, das er nach sich selbst benannt hat. Das hat jetzt auch nicht jeder. Der Besitzer vom Kiosk bei mir an der Ecke zum Beispiel hat nicht das Uwe-Kaschinski-Power-Prinzip. Gut, das bestünde auch aus einer Dose Oettinger und einer gemischten Tüte für einen Euro. Aber wenigstens weiß man dann nachher, wovon einem schlecht ist.

Power-Robbins ist hingegen richtig gut drauf. Er verkündete einst: »Wenn Sie Ihren Therapeuten öfter als zweimal aufsuchen, dann hat er keine Integrität.« Denn Robbins behauptet, er könne so ziemlich jedes psychische Problem in nur einer einzigen Sitzung kurieren. Jedes Problem, außer chronische Selbstüberschätzung. Aber immerhin scheint es sich rasend gut zu verkaufen, seine Bücher sind alle Bestseller. Vermutlich grinst er deswegen auch so, mit goldenen Euro-Zeichen in den Augen. Es sieht so aus, als beherrsche Robbins auch die Eurolinguistische Programmierung.

Dann wäre da auch noch Christina Berndt mit ihrem Buch *Resilienz*, das gerne im Doppelpack gekauft wird mit einem Fremdwörterlexikon. Berndt möchte uns gerne zeigen, wie wir psychisch widerstandsfähiger werden können. Das hätte ich vielleicht lesen sollen, bevor ich mir das Buch gekauft habe, dann hätte ich es mir nicht gekauft. Und gleichzeitig hätte ich mal wieder die Logik überwunden.

Die älteren Leser erinnern sich vermutlich auch noch an Jürgen Höller, den Motivationstrainer mit dem Schlachtruf:»Tschaka! Du schaffst es!« Der hat uns in den Neunzigern gezeigt, dass man mit der Macht der positiven Gedanken sogar barfuß über Scherbenhaufen gehen kann. Danach ist er pleitegegangen und wurde 2003 wegen Betrugs zu drei Jahren Haft verurteilt. Ich würde ja sagen:»Tschaka – du schaffst das vielleicht doch eher nicht!«

Aus dieser Erfahrung hat Höller gelernt, dass er wohl doch nicht der beste Mann ist, um den Menschen den Weg zum Glück zu zeigen, und nun führt er ein bescheidenes und stilles Leben in selbst gewählter Einsamkeit.

Kleiner Spaß. Natürlich hat Jürgen Höller über seine Krise einen weiteren Ratgeber geschrieben und gibt weiterhin auf der Bühne den Weisen, von dem wir alle lernen können. *Alles ist möglich. Strategien zum*

Erfolg heißt ein 2015 von ihm erschienener Ratgeber. Das muss man sich erst mal trauen.

Mir fällt es ja in Anbetracht all dieser Spezialisten und Gurus und ihres enormen Erfolges immer etwas schwer, positiv zu denken. Zumindest über die Menschheit.

* * *

Ich denke lieber negativ. Denn ein wichtiger Schlüssel zur Pessimierung des Lebens ist natürlich das schlechte Denken. Dazu gehört nicht nur, dass man schlechte Dinge denkt, sondern auch, dass man diese schlecht denkt.

Der Reihe nach. Das Denken schlechter Dinge klingt zunächst beinah banal. Einfache Geister gehen vielleicht davon aus, dass es reicht, den ganzen Tag an ein Pfund Wirsing als Verlobungsgeschenk zu denken. Fürwahr, das ist ein schlechter Gedanke. Aber so wenig, wie ein Soldat der Krieg ist, ist ein schlechter Gedanke schon schlechtes Denken. Um dorthin zu kommen, muss man den heutzutage in Werbung und Medien geradezu übermächtig präsenten Optimismus überwinden.

In wie vielen Büchern, Filmen, Popsongs und kryptischen Fresken wird uns dargelegt, dass am Ende die kleine Frau gegen die übermächtigen Gegner gewinnt oder der kleine Mann sein Glück gegen alle Wahrscheinlichkeiten findet – und dann auch noch behalten darf. Dieses sogenannte »Happy End« hat mehr für die Zersetzung der Moral der Bevölkerung getan als YouPorn und Counter-Strike gemeinsam.

Zu leicht gewinnt man den Eindruck, dass sich alles zum Guten wenden könnte oder dass lange, harte Arbeit am Ende Erfolg bringt. Das ist natürlich absoluter Unsinn. Das Einzige, was das Leben auf jeden Fall am Ende bringt, ist der Tod. Darauf können Sie sich verlassen. Und kommen Sie mir jetzt nicht mit dem Unsinn, dass Sie durch die Erkenntnis der eigenen Sterblichkeit erst gelernt haben, Ihr Leben zu schätzen. Klar, seit Sie im Kühlschrank leben, wissen Sie die Sonne zu schätzen. Das leuchtet ein. Sie leben aber immer noch im Kühlschrank. Also stecken Sie die Sonnenmilch wieder weg!

Wenn Sie kontinuierliche Schwierigkeiten haben sollen, über Übles zu grübeln, dürfen Sie sich natürlich auch mit einem Hammer auf die linke Kniescheibe hauen. Wobei immer gilt: Schmerz ist nicht nur ein Gefühl, sondern auch ein Gedanke. Stellen Sie sich vor, im Aufzug stecken zu bleiben mit Alexander Gauland, Heidi Klum und Oliver Pocher. Der Gedanke tut auf so viele verschiedene Arten weh, dass einige Probanden, die unter Laborbedingungen mit dieser Idee konfrontiert wurden, versucht haben, sich das eigene Gehirn mit einem Strohhalm durch die Ohren auszusaugen.

Mit einem wirklich schlechten Gedanken sind wir aber erst den halben Weg gegangen. Wie eingangs erwähnt, basiert richtig schlechtes Denken auch darauf, wie man denkt. Anfänger greifen an dieser Stelle gerne zu psychoaktiven Drogen und werfen sich beispielsweise ein halbes Dutzend mit LSD getränkte Zuckerwürfel ein, bevor sie über die Nahostkrise meditieren. Der erdölschwarze, schimmernde Horrortrip, der sich daraus ergibt, ist natürlich exzellentes schlechtes Denken.

Andere nehmen amtliche Mengen Speed und besuchen dann einen dreitägigen Meditationskurs im Zendojo von Sankt Georgen im verschlafensten Winkel des Schwarzwaldes. Mit 4000 Gigawatt Dampf auf der Synapse stundenlang stillsitzen und sich in Introspektive versenken ist ebenfalls ein sehr guter Pfad zum schlechten Denken.

Aber es geht noch viel effektiver. Und ganz ohne Drogen. Es reicht ein Eimer Wasser. Trinken Sie den Eimer Wasser. Dann warten Sie einfach. Gehen Sie vor allem mindestens vier Stunden nicht aufs Klo. Denken Sie ganz fest an eine Sprinkleranlage, einen Wasserfall oder einen Springbrunnen. Das ist schon richtig schlechtes Denken.

Oder sehen Sie mit verstehendem Auge zu, wie Hunderte Milliarden in Bankenrettungen gestopft werden und wie die 45 reichsten Menschen in Deutschland mehr Geld haben als die ärmere Hälfte der Bevölkerung zusammengerechnet.

Schauen Sie, wie finanziell gut ausgestattete Lobbyisten die Politik beeinflussen oder wie durch niedrige Erbschaftssteuer und Schlupflöcher die Reichsten der Reichen immer reicher werden. Währenddessen werden Sie immer ärmer, verlieren Ihren Job und gehen pleite, während Ihre Kinder in schimmelüberzogenen

Klassenzimmern sitzen, weil der Staat keine zehn Cent gibt, um an diesen Zuständen etwas zu ändern.

Sehen Sie auch, wie Sexismus in unserer Gesellschaft allgegenwärtig ist und wie Zigtausende Menschen pro Jahr genötigt, misshandelt oder gar vergewaltigt werden. Schauen Sie sich das alles in Ruhe an. Das sind wirklich schlimme Gedanken. Gehen Sie noch einen Schritt weiter. Geben Sie sich einen Ruck und schieben Sie die Schuld für all dies auf Flüchtlinge. Egal wie unlogisch Ihnen das erscheint und egal wie sehr die Fakten dagegen sprechen. Jetzt beginnen Sie, richtig schlecht zu denken.

18 Schlecht Kultur genießen

Gerade in den großen Metropolen Deutschlands ist es heutzutage leicht, ein umfangreiches, vielfältiges und international beachtetes Kulturprogramm zu finden. Jetzt müssen wir nur noch abwarten, bis es in Deutschland die erste große Metropole gibt. Aber ein Kulturprogramm gibt es trotzdem so gut wie überall. In Theatern, Konzerthäusern oder Museen, auf Kleinkunstbühnen, Kinoleinwänden oder Bahnhofstoiletten wird einem ein Programm geboten. Es unterscheidet sich qualitativ meist nicht von einer ordentlichen Portion Surströmming, aber es ist da.

Mit einer Vielzahl von Flyern, Plakaten und Broschüren versucht man, uns zu den Veranstaltungen zu locken – und natürlich kreuz und quer durch das Internet. Es ist kaum ein Entkommen möglich. Wir sind von Kultur umzingelt. Zumal meist auch der eigene Bekanntenkreis sich geriert, als wäre der Besuch eines Mario-Barth-Auftritts, einer Zaubershow der Ehrlich Brothers oder wenigstens eines lokalen Poetry Slams notwendig, um zum Kreis der zivilisierten Bevölkerung zu gehören. Andernfalls gilt man schnell als Banause und wird mit einem Eimer Teer übergossen, mit Pfauenfedern beklebt und vor die Tore der Stadt gejagt, um fortan ein neues Leben zu führen als Donnervogel im Mischwald.

Im Prinzip alles sehr wünschenswerte Perspektiven auf dem Weg zur eigenen Pessimierung. Aber Sie sollten es sich nicht ganz so einfach machen. Hier gilt es, wie an allen anderen Stellen auch, das Maximum an schlechten Erfahrungen herauszuschlagen. Sonst sind Sie am Ende nur halb unzufrieden – und das kann ja keiner wollen.

Nehmen wir also die Kulturveranstaltungen genauer in Betracht, fällt ins Auge, dass hier ein sehr strenges Regelkorsett gilt. Bereits beim Betreten eines Veranstaltungsortes muss man gewissen Verhaltensregeln folgen, Eintrittskarten vorzeigen, sich nach Waffen oder hineinzuschmuggelnden Getränken durchsuchen lassen und seine Kleidung an der Garderobe abgeben. Dann geht man auf den Hinweis des Personals doch noch mal zur Garderobe und holt sich wenigstens seine Unterwäsche wieder ab, da man den Saal nicht nackt betreten darf. Spießer!

Während der Veranstaltung geht es dann nahtlos so weiter: Man hat zu schweigen, seine Kommunikationselektronik zu deaktivieren und an den richtigen Stellen zu klatschen. Oder gar zu lachen, wenn Sie nicht so sehr auf Hochkultur stehen, sondern sich mit dem Pöbel herumtreiben, der Spaß für Kultur hält.

Am Schluss muss man dann noch mit seinen Mitmenschen diskutieren, wie man diese oder jene Inszenierung fand, ob der Eintritt oder die Gags billiger waren oder ob man Vergleichbares schon mal anderswo gesehen hat. Das ist natürlich alles fürchterlich anstrengend und kann einem den Abend gehörig vermiesen. Doch auch da geht noch mehr.

* * *

Wenn Sie wirklich schlecht Kultur genießen wollen, dann brechen Sie konsequent mit allen Konventionen. Verschaffen Sie sich ohne Eintrittskarte Zutritt, indem Sie behaupten, der verspätete Künstler des Abends zu sein. Auf den Hinweis, dass Sie ein Mann mittleren Alters seien und Miley Cyrus schon längst anwesend sei, behaupten Sie schlicht, sich durch eine Anomalität im Raum-Zeit-Kontinuum zu einer anderen Zeit in einem anderen Quantenzustand zu befinden. Das sei für Sie natürlich schrecklich verwirrend, aber Sie wollten Ihre Fans nicht enttäuschen und daher das Konzert trotzdem geben. Der Security solle aber so nett sein und Ihnen umgehend Champagner und Kaviar zur Verfügung stellen und zudem einen kuscheligen Hamsterwelpen zur spirituellen Aufmunterung.

Sollte das an dieser Stelle nicht sofort funktionieren, fangen Sie einfach an zu singen, um Ihre Geschichte noch glaubwürdiger zu machen. Und tanzen Sie! Packen Sie Ihre besten Moves aus! Macarena, Lambada, Gangnam-Style, alles! Tanzen Sie nicht nur auf der Stelle, tanzen Sie einfach am Security vorbei, direkt in den Saal hinein! Schon haben Sie es geschafft.

Wenn Sie erst mal in der Veranstaltung selbst sind, sollten Sie sofort Ihr Smartphone zücken und alles filmen. Insbesondere in der Oper oder im Konzerthaus führt das zu possierlichen Dialogen mit den anderen Besucher*innen.

Besser noch: Filmen Sie nicht die Veranstaltung, filmen Sie sich selbst. Ja, genau. Filmen Sie sich selbst beim Genuss der Kultur und kommentieren Sie spätestens alle dreißig Sekunden das Geschehen auf der Bühne oder der Leinwand. Seien Sie dabei so emotional, wie es Ihnen nur irgendwie möglich ist, egal in welche Richtung.

Im Kino macht das umso mehr Laune, wenn Sie den Film zum wiederholten Male sehen und schon vorab kommentieren, was gleich passieren wird. Rufen Sie zum Beispiel während eines Harry-Potter-Films, kurz bevor Snape zur Tat schreitet:

»O mein Gott, o mein Gott. Gleich bringt er Dumbledore um!«

So vermeiden Sie effektiv, dass jemand Sympathien für Sie entwickelt. Es ist generell ein guter Satz. Sie können das auch ruhig schon viel früher und mehrmals während des Films rufen:

»O mein Gott, o mein Gott. Gleich bringt er Dumbledore um!«

Und dann kurz darauf hinzufügen: »Ach ne, das kommt später erst.«

Verstehen Sie mich nicht falsch, dieser Satz kann auch an anderen Stellen sehr gut funktionieren, etwa während einer Aufführung der Zauberflöte oder mitten in einer Show von Dieter Nuhr.

»O mein Gott, o mein Gott. Gleich bringt er Dumbledore um!«

Glauben Sie mir, dann wird auch im Anschluss an die Show niemand mehr mit Ihnen diskutieren wollen. Im Gegenteil: Vermutlich erhalten Sie auf diesem Weg noch eine kostenlose Tracht Prügel, während man Sie aus dem Saal wirft. Was will man mehr?

19 Schlecht Witze reißen

Kommt ein Pferd in eine Bar.

Fragt der Barkeeper: »Warum so ein langes Gesicht?«

Sagt das Pferd: »Weil dieser Witz so schlecht ist.«

Man sollte meinen, dass die Welt des schlechten Witzes ausreichend ausgelotet ist. Es gibt schlechte Witze in allen Farben und Formen. Sie spielen Familienfeiern leer oder füllen Stadien, sie erzeugen Hass und Liebe und völlige Gleichgültigkeit. Aber eine Sache ist all diesen Witzen gemeinsam: Sie wollen gar nicht schlecht sein. Derjenige, der sie erzählt, findet sie in der Regel sehr lustig. Oder er will zumindest seine Zuhörer*innen davon überzeugen, dass dieser Witz wirklich zum Brüllen ist.

Genau auf diese Weise entsteht ein schreckliches Missverhältnis zwischen Witz und Empfänger. Außer vielleicht, der Empfänger hat fünfzig Euro Eintritt bezahlt, um sich zwei Stunden lang schlechte Witze mit 80 000 anderen Menschen in einem Stadion anzuhören. Und dem Komiker ist völlig egal, ob Sie seine Witze mögen, der rechnet vorher mal eben schnell 80 000 mal fünfzig Euro und lacht dann für sich alleine. Dann ist alles noch viel schlimmer.

In 99,9999 Prozent der Fälle jedoch erzielt ein schlechter Witz nicht das Resultat, dass sich der Vortragende erhofft. Was also zunächst nur wie ein banaler schlechter Witz aussieht, zielt mitten ins schwarze Herz der Leistungsgesellschaft und des Optimierungswahns.

Natürlich kann man dagegen etwas machen. Drehen Sie den Spieß einfach um und umarmen Sie die Tatsache, dass Sie nicht lustig sind. Werden Sie sich Ihrer eigenen Unlustigkeit bewusst – und erzählen Sie frei heraus derartig schlechte Witze, dass Fips Asmussen vor Scham in eine Holzhäckselmaschine springt.

Das ist nicht ganz so einfach, wie es klingt. Denn tief in uns verankert ist die Annahme, dass gemeinsames Lachen eine soziale Funktion erfüllt und dass derjenige, der seine Mitmenschen bespaßt, bei diesen automatisch beliebt ist.

Lernen Sie zu verstehen, wie verkehrt dieser Weg ist.

* * *

Ich bin lange dem Irrglauben erlegen, dass ich komisch sein müsste. Ich war als Jugendlicher klein und dürr und hatte ein Gesicht wie eine von trüffelgeilen Wildschweinen zerwühlte Lichtung. In der Annahme, meine Beliebtheit damit steigern zu können, bemühte ich mich, witzig zu sein. Ich stellte mich in der Pause einfach alleine auf den Schulhof und erzählte einen Witz.

Das war damals mein Lieblingswitz:

Kommt ein Rasenmäher auf einen Berg. Oben steht ein Schaf.

Sagt das Schaf: »Mäh!«

Sagt der Rasenmäher: »Kümmre dich um deinen eigenen Scheiß!«

Dann lachte ich einige Minuten lang selbst hysterisch, um zu unterstreichen, dass hier gerade etwas extrem Lustiges passiert war. Doch alle anderen spielten unbeeindruckt weiter, rauchten oder handelten mit Panini-Stickern, als wäre nichts geschehen. Manche rauchten auch Panini-Sticker. Es waren die 90er, alles war erlaubt.

Also erzählte ich den Witz noch mal. Mit demselben Ausgang. Diesmal warf ich mich beim Lachen über den eigenen Witz sogar extra zu Boden und rollte hin und her. Doch niemand roffelte mit.

Also probierte ich den Witz noch mal. Und dann noch mal. Und noch mal. Und begann, den finsteren Samen zu fühlen, den die Leistungsgesellschaft in unseren Seelen sät und aus dem im Erwachsenenalter ein Baum erwächst, von dem wir unseren Weltschmerz ernten. Das Schlimmste daran ist, dass man als junger Mensch nicht so schnell bereit ist, aufzugeben und sich einfach in ein fleischwurstfarbenes atmendes Sofakissen zu verwandeln.

Ich erzählte den Witz immer weiter und immer wieder. Selbst als der Winter kam und es mir in den Mund schneite. Selbst am Wochenende, als niemand anderes auf dem Schulhof war. Weil ich den Witz mit dem Schaf und dem Rasenmäher selbst irgendwann nicht mehr hören konnte, aber auch keinen anderen kannte, begann ich mit Variationen. So wandelte sich der Witz im Laufe der Jahre immer weiter:

Kommt ein Bär auf einen Berg.
Oben steht ein Kühlschrank und brummt.
Sagt der Bär: »Wollte ich auch grade sagen.«

Kommt eine Ente auf einen Berg.
Oben steht ein Frosch und sagt: »Quark.«
Sagt die Ente: »Nein, danke, keinen Hunger.«

Kommt David Hasselhoff auf einen Berg.
Oben steht ein Kühlschrank und brummt.
David Hasselhoff nimmt sich ein Bier aus dem
Kühlschrank.
Sagt der Kühlschrank: »Prost.«

Kommt ein Schaf auf einen Berg.
Oben ist ein Rasenmäher und mäht Rasen.
Sagt das Schaf: »Schon scheiße, wenn einem eine
Maschine den Arbeitsplatz klaut.«

Kommt ein Pornodarsteller auf einen Berg.
Sagt Mario Barth: »Könnte von mir sein.«

Kommt eine Ente auf einen Berg.
Oben steht ein Kühlschrank und brummt.
Die Ente nimmt sich einen Quark aus dem
Kühlschrank und sagt: »Hatte doch Hunger.«

Kommt David Hasselhoff auf einen Berg.
Oben steht eine Ente.
David Hasselhoff steigt ein und fährt weg.

Kommt ein Pornodarsteller in eine Dönerbude
und sagt: »Einmal Döner extra Schaf.«
Sagt das Schaf: »Mäh.«

Kommt Mario Barth auf einen Berg.

Oben steht eine Dönerbude.

Heraus kommen David Hasselhoff und eine Ente mit einem Rasenmäher. Von der anderen Seite kommt ein Pornodarsteller mit einem Frosch auf dem Kopf und kippt Quark auf den Rasenmäher. Sagt Mario Barth: »Damit hab ich jetzt nicht gerechnet.«

Und immer weiter wandelte sich der Witz, aber niemand lachte darüber, denn niemand hörte mir zu. Doch haben Sie kein Mitleid. Denn ich habe bei all dem gelernt, wie ein Witz funktioniert – und vor allem, wie ein Witz nicht funktioniert. Lassen Sie mich daher nun etwas tun, das so unlustig und peinlich ist, dass Tomaten sich derartig ärgern, dass sie monatelang warten müssen, bis sie rot werden können: Ich erkläre Ihnen den Witz. Einen Witz zu erklären ist ein noch effektiverer Weg, jeden Humor aus einer Situation zu vertreiben, als eine lautstark vorgetragene Lobeshymne auf Gänsestopfleber im veganen Café »Dinkelfiffi« im Prenzlauer Berg in Berlin. Ich gehe noch einen Schritt weiter und erkläre nicht nur einen Witz, sondern alle Witze. Lehnen Sie sich zurück und umarmen Sie den Schmerz.

Jeder Witz folgt einem bestimmten Schema. Es gibt ein Setting, in dem eine Situation etabliert wird. Dadurch wird beim Zuhörer eine Erwartungshaltung geschaffen – man geht davon aus, dass diese Situation auf eine bestimmte Art und Weise enden wird. Das erzeugt eine gewisse Spannung. Darauf folgt dann die

Pointe, in der die Situation ganz anders aufgelöst wird, als der Zuhörer zunächst erwartet hat. Das Wegfallen der Spannung wird als Erleichterung empfunden und ruft daher Gelächter hervor. Das gemeinsame Gelächter signalisiert Gruppenzugehörigkeit und hilft den Beteiligten für einen kurzen Moment zu vergessen, dass sie eines Tages alt, einsam und verlassen von allen sterben werden.

Kleine Zwischenbemerkung: Sollten Sie beim Versuch, einen schlechten Witz zu erzählen, einmal völlig scheitern und bei Ihrem Publikum großes Gelächter hervorrufen, können Sie auf die obige Erklärung der Funktionsweise eines Witzes zurückgreifen. Rufen Sie einfach lautstark: »MOMENT! MOMENT! Ich glaube, dass ihr alle meinen Witz nicht verstanden habt und generell humorlose Elendsgestalten seid!« Und dann zitieren Sie in das entsetzte Schweigen hinein meine Ausführungen darüber, wie ein Witz funktioniert. Sollte trotzdem noch jemand lachen, machen Sie derjenigen Person umgehend einen Heiratsantrag. Denn das muss wahre Liebe sein.

Doch keine Sorge: Wenn Sie meine folgenden Ausführungen befolgen, werden Ihre Witze von Anfang an so schlecht sein, dass es gar nicht erst so weit kommen muss.

Für einen schlechten Witz ist es optimal, wenn Sie ein schlechtes Thema finden. Das sollte ein Thema sein, über das wirklich niemand lachen möchte: Tödliche Krankheiten, Krieg, Missbrauch, Gewalt, Einsamkeit oder Christian Lindner.

Es sollte zudem unbedingt gleich zu Anfang Ihres Witzes jemand sehr, sehr traurig sein. So wird schon beim Setting klar, dass Ihr Witz in eine völlig falsche Richtung läuft und dass der Zuhörer hier keinen Funken Freude zu erwarten hat. Setzen Sie zum Beispiel so an: »Kommt Christian Lindner sehr traurig in eine Bar und wird von acht Hooligans grundlos niedergeschlagen.«

Das ist nicht nur nicht lustig, das besteht auf mehr Ebenen aus Humorlosigkeit, als ein Croissant Teigschichten hat. Doch bleiben Sie nicht dabei, ändern Sie einfach im nächsten Satz das Setting von Grund auf, vielleicht sogar mehrfach – und verwirren Sie Ihre Zuhörer*innen komplett. Nutzen Sie dabei auch die Möglichkeit, verschiedenste Stimmungen zu etablieren. So wird jegliche Spannung, die sich später in einer erleichternden Pointe entladen könnte, von vornherein zersägt.

»Kommt Christian Lindner sehr traurig in eine Bar und wird von acht Hooligans grundlos niedergeschlagen. In der sibirischen Tundra wachsen im Winter kaum neue Pflanzen, die Einsamkeit der Landschaft ist fast schon körperlich spürbar. Ein Rabbi, ein Imam und ein achteckiger Gegenstand betreten eine strukturelle Anomalie. O MEIN GOTT! KRIEG IST SCHRECKLICH, BESONDERS FÜR FRAUEN UND KINDER! Die Anmeldung eines Gewerbes erfordert mehrere Behördengänge und das Ausfüllen diverser Formulare.«

Das ist schon mal sehr, sehr schlecht. Wenn Sie jetzt noch eine völlig unzusammenhängende und im besten Fall auch noch anlasslos tabubrechende Pointe anhängen, haben Sie garantiert einen umfassend schlechten Witz formuliert. Um in unserem Beispiel zu bleiben, klänge das Ganze dann so:

»Kommt Christian Lindner sehr traurig in eine Bar und wird von acht Hooligans grundlos niedergeschlagen. In der sibirischen Tundra wachsen im Winter kaum neue Pflanzen, die Einsamkeit der Landschaft ist körperlich spürbar. Ein Rabbi, ein Imam und ein achteckiger Gegenstand betreten eine strukturelle Anomalie. O MEIN GOTT! KRIEG IST SCHRECKLICH, BESONDERS FÜR FRAUEN UND KINDER! Die Anmeldung eines Gewerbes erfordert mehrere Behördengänge und das Ausfüllen diverser Formulare.

Sagt der Barkeeper: »Alle Menschen unter 1,25 Meter Körpergröße sollten mit einem Bolzenschussgerät umgenietet werden.«

Das ist unverständlich, das ist bizarr, das ist ekelhaft und krank. Wenn Sie einen solchen Witz erzählen, dann erreichen Sie genau, was Sie wollen: Da wird garantiert niemand mehr lachen. Genießen Sie die Stille.

»Mäh!«

20 Schlecht Musik machen

»Ohne Musik wäre alles nichts«, hat Wolfgang Amadeus Mozart einmal gesagt. Ich hatte ja bisher gedacht, ohne Gesundheit sei alles nichts. Aber vielleicht ist Gesundheit ja auch eine Art Musik. Oder man braucht beides, damit nicht alles nichts ist, beziehungsweise nichts nicht ist – also alles.

So sehr ich Pauschalurteilen mit Tendenz ins Paradoxe auch zugeneigt bin, mir schwant, dass Herr Mozart hier womöglich etwas parteiisch war. Man darf ja nicht vergessen, dass es sich um jemanden handelt, der seinen Lebensunterhalt mit Musik verdiente. Das ist also im Prinzip nicht anders, als ob Ronald McDonalds sagt: »Ohne Big Mac ist alles nichts« oder Jean-Paul Sartre verkündet: »Ohne alles ist alles nichts.« Aber gut, auch wenn man dem Urteil eines Musikers hier vielleicht nicht trauen sollte, so scheint doch sicher, dass Musik einen gewissen Einfluss auf unsere Kultur hat. Es scheint sogar zahlreiche Menschen zu geben, die Musik mögen. Wobei andererseits der Großteil der Menschen Musik nicht so viel abgewinnen kann und stattdessen lieber Nickelback hört.

Der deutsche Bauingenieur und Aphoristiker Erhard Horst Bellermann, den ich mir hier nicht ausdenke (versprochen!), hat einmal den Sinnspruch veröffentlicht: »Musik ist schöner als Lärm.« Das klingt erst mal wahnsinnig einleuchtend. Wenn man mit »einleuchtend« »banal« meint. Doch widmen wir uns nicht der Frage, was Bellermann sonst noch rausgefunden haben

könnte (»Brötchen schmecken besser als Kieselsteine«
oder »Ein langer Strandspaziergang bei Sonnenuntergang im Spätsommer ist schöner als die Kesselschlacht
von Stalingrad«?). Schauen wir lieber genauer auf seine
Worte. Hat er überhaupt recht, wenn er Musik von
Lärm so explizit trennt? Ist Musik nicht nur eine spezielle Form von Geräusch? Geht es hier letztlich nicht
nur um die künstlerische Gestaltung von mehreren
akustischen Signalen?

Mit den nüchternen Augen der Wissenschaft muss
man wohl zugeben, dass es sich so verhält und alles
andere Reden davon nur romantisches Geplänkel ist,
weil der Mensch mal wieder total verliebt in sich
selbst ist und in seine ach so kreativen Spielereien
mit den Dingen und Energien der Welt. »Tingelinge-
ling, die Welt ist voll mein Ding.« Halt dein Maul, du
Aushilfsmozart.

Selbstverständlich ist das alles nichts anderes als
der Versuch, die eigene Vergänglichkeit zu umgehen,
indem man seine Ideen und Gefühle in die Welt hin-
einträgt. Doch gerade für letzteres scheint Musik ganz
außerordentlich gut geeignet zu sein. Sie hat eine enor-
me Macht über die Feelings der People da draußen.

Nehmen Sie ein Video, in dem eine Schlange ein
Waisenkind beißt und dann von einem Lkw überfahren wird. Wenn Sie das ohne Ton sehen, denken Sie
vermutlich, die Schlange sei böse und ihr Tod durch
Zermalmung eine mehr oder weniger gerechte Strafe.
Kommt nun aber jemand und spielt während der ersten Szene fröhliche Musik ein und beim Tod der

Schlange tragische Klänge, dann wirkt der Biss wie eine heitere Spielerei, der Abgang der Schlange hingegen wird Sie plötzlich zu Tränen rühren.

Die Macht der Musik kann beängstigen. Wenn Ihr Arzt Ihnen mitteilt, dass Sie Krebs im Endstadium haben und dabei aber »Move on up« von Curtis Mayfield einspielt, dann denken Sie am Ende noch: »Juchhu! Endlich passiert mal was!« Oder: »Man muss das positiv sehen: Die Sache mit der Musikeinspielung bei der Verkündung einer Diagnose ist schon inakzeptabel, aber weil eh keine Zeit mehr bleibt, kann ich mir zum Glück den Stress sparen, einen neuen Arzt zu suchen.«

Die unpassende Musik zu wählen kann das Leben ordentlich aus der Bahn lenken. Aber das Thema erschöpft sich hier bei Weitem nicht. Die wahre Pracht der Musik soll sich erst entfalten, wenn man selbst Musik macht, im Idealfall sogar mit anderen gemeinsam. Die Herzen öffnen sich und beginnen im gleichen Takt zu schlagen und auf einer Welle der Harmonie zu gleiten. Wenn ich derlei Dinge höre, breche ich mir ein bisschen in den Mund.

Lassen Sie sich nicht in diese Bahnen lenken! Sonst enden Sie schnell in irgendeinem Musikverein oder Chor, und irgendein Dirigent oder dergleichen sagt Ihnen, welche Töne sie zu spielen haben und wie Sie dabei atmen müssen, damit Schönheit entstehen kann. Finden Sie eine ganz neue Schönheit, jenseits von Harmonien, gestimmten Saiten und regelmäßigen Rhythmen.

Die gute Nachricht ist: Schlechte Musik ist leicht gemacht. Glauben Sie mir, ich war der Aushilfsschlagzeuger der Teenie-Punkband Wixfleck. Wenn wir das geschafft haben, kriegen Sie das auch hin. Immerhin entdeckten wir die Freude am Musizieren gleichzeitig mit der Freude am Dosenbier. Manche von uns spritzten sich sogar Haschtabletten. Kurz: Wir konnten nichts. Das können Sie auch.

Der Ausbruch aus den Konventionen ist meist nur einen Halbton entfernt. Was glauben Sie, wie schnell es geht, dass Sie den Bauingenieur und Aphoristiker Erhard Horst Bellermann gegen sich aufgebracht haben? Dazu reicht es in den meisten Fällen schon, wenn Sie Ihr Instrument ausreichend nicht beherrschen: Stimmen Sie Ihre Gitarre nur in Schaltjahren! Üben Sie wenig bis gar nicht! Zack, fertig!

Natürlich können Sie noch viel weniger machen, da ist nach unten kaum eine Grenze gesetzt. Orientieren Sie sich statt an Metronomen oder Dirigentenstäben bei der Suche nach dem richtigen Takt am Zug der Wildgänse nach Süden oder am Klappern der Heizung.

Wählen Sie Gegenstände als Instrument, die dafür völlig ungeeignet sind. Oder auch Personen. Nutzen Sie Ihren Nachbarn als Xylofon und hauen Sie ihm unverbindlich mit zwei Klöppeln sanft ins Gesicht – er wird schon Geräusche machen! Erhard Horst Bellermann ist hingegen bestimmt ein tolles Cello und freut sich, wenn Sie am Rande einer Lesung mal ungefragt einen Pferdehaarbogen über seine Saiten streichen lassen.

Das Resultat ist vielleicht nicht schöner als Lärm. Aber es ist da – und es ist Ihr eigenes! Nehmen Sie den

Taktstock selbst in die Hand! Halten Sie ihn in die Zuckerwattemaschine! Das klingt vielleicht nicht so wie Mozart, schmeckt aber deutlich besser!

21 Schlecht kreativ sein

22 Schlecht diskutieren

Ein grundlegendes Problem in der zwischenmenschlichen Kommunikation ist, dass oft zu fundiert argu-
mentiert wird. Das führt zu wesentlich kürzeren Gesprächen, als es möglich wäre, da auf diesem Weg
schnell alles geklärt ist. Das mag erst mal positiv klingen, ist aber bei näherer Betrachtung das genaue Gegenteil. Denn es geht natürlich bei der Kommunikation nicht nur darum, Ergebnisse zu erzielen. Ein gutes
Gespräch lässt sich nicht bewerten wie ein mathemati-
sches Problem. Außer das Gespräch handelt von einem
mathematischen Problem. In dem Fall lautet die Antwort meistens »42«. Bei einem Rendezvous kommt
man da nicht weit mit.

»Ach, Hans-Jürgen, danke für die Einladung. Das
ist wirklich ein hervorragender Schokoriegel, der mit
Käse überbacken und anschließend mit einer Schokoglasur überzogen und frittiert wurde. Kommst du öfter in dieses Restaurant?«

»Gisela, dazu sage ich nur eins: 42.«

»1,42 Euro?«

So ist das Gespräch blitzschnell vorbei. Und noch
schlimmer ist es mit guten Argumenten. Wenn Sie
Ihrem Gegenüber gut durchdacht und pointiert Ihren
Standpunkt darlegen, sodass dieser aufgrund Ihrer
zwingenden Logik keine Einwände erheben kann, ist
das Gespräch noch schneller vorbei als eine Sommer-
nacht in Nordnorwegen. Ihr Gegenüber wird einsich-
tig sein, denn das liegt in der Natur des Menschen.

Und dann lässt man Sie alleine sitzen, denn die Menschen mögen keine Besserwisser, die auch noch eloquent sind. Da geht doch jede Nähe verloren. »Forever alone« durch zu gutes Argumentieren. Das geht schneller, als man denkt. Wenn überhaupt.

Immer mehr Menschen machen sich berechtigte Sorgen, ob wir uns die Zwischenmenschlichkeit nicht durch gute Gespräche und konstruktive Diskussionen total ruinieren. Immer öfter wird die Frage laut, ob wir nicht schlecht diskutieren sollten. Schon aus Rücksichtnahme aufeinander.

Dank moderner sozialer Medien lässt sich nachvollziehen, dass in dem Bereich in letzter Zeit erfreulich viele Fortschritte gemacht wurden. Aber immer noch werde ich oft gefragt, wie man es eigentlich schaffen kann, richtig schlecht zu argumentieren. Zum Glück weiß ich, wie es geht, und bin gerne bereit, mein Fachwissen zu teilen.

Für eine schlechte Gesprächsführung ist es immer eine gute Idee, möglichst wenig vom Thema zu wissen. Versuchen Sie, das Gespräch in Richtung eines Sujets zu lenken, von dem Sie weniger Ahnung haben als der Papst von Pornhub. Sie mögen jetzt denken, dass Sie ja nicht einfach jedes Gespräch wahllos umlenken können. Aber genau da täuschen Sie sich, denn das ist Tipp Nummer 2: Wechseln Sie oft und ohne Erklärung das Thema. Wenn Ihr Gegenüber eine Frage zur Irak-Iran-Krise hat, kontern Sie mit einem galanten Verweis auf das bizarre Paarungsverhalten der Graugänse. Sollte Ihr Gesprächspartner darin jedoch eine brillante ornithologische Metapher für die angespannte Situation im Mittleren Osten sehen, wechseln Sie sofort zur Behauptung, die wenigen uns erhaltenen frühmittelalterlichen Rezepte für Käsekuchen legten nahe, dass die Geschmacksnerven damals anders geformt gewesen sein müssen. Nickt man Ihnen verständnisvoll zu, beginnen Sie zu brüllen: »300 Gramm Ingwer und nicht mal ein halbes Pfund Gouda! Das ist doch kein Käsekuchen gewesen, watt die da hatten im Mittelalter! Die spinnen, die Minnen!« Und auch damit folgen Sie einem guten Rat für ein schlechtes Gespräch: Variieren Sie die Lautstärke und seien Sie dabei kreativ. Gehen Sie innerhalb eines Nebensatzes vom Brüllen zum Flüstern zurück zum Geschrei!

Verwenden Sie unbedingt auch selbst ausgedachte Wörter. Wenn Sie mit allerhöchster Selbstverständlichkeit das Wort »Flusenkanister« einbauen, wird das Gespräch sehr schnell schwierig. Nutzen Sie gerne auch die Worte »Brunftklötzchen«, »Sambawarze« oder schlicht »Dorschkolben«. Natürlich wird Ihr Gesprächspartner zahlreiche Fragen haben. Stundenlanger Redespaß ist garantiert, wenn Sie es meisterlich vermögen, jedes Wort mit einem anderen sinnlosen Wort zu erklären.

»Ein Flusenkanister ist das Gerät, mit dem man den Obernauten nach links drehen kann.«

»Aber was ist ein Obernaut?«

»Ein Obernaut ist wie ein Unternaut, jedoch mit einer Verzwickelung am Joppenkopf.«

»Was genau ist eine Verzwickelung? Und was ein Joppenkopf?«

»Nun, dazu muss ich etwas ausholen …«

Sie verstehen das Prinzip.

Unnötige, aber dennoch formschöne Serifen erhält Ihr Gespräch, wenn Sie zwischendrin den Akzent wechseln. Das wird Ihr Gegenüber mächtig irritieren – und in der Verwirrung liegt die Kraft. Mögen Sie es eher inhaltlich? Dann versuchen Sie doch mal, Ihren Standpunkt spontan und mehrfach hintereinander zu wechseln. Kleiner Tipp vom Profi: Nehmen Sie in Ihrer Replik das Argument des anderen auf, als wäre es Ihr eigenes. Wenn er sich dann verwirrt gibt, streiten Sie alles ab und behaupten erneut das Gegenteil.

»Meiner Meinung nach ist der Klimawandel die größte Bedrohung der Menschheit. Allerdings gibt es den Klimawandel nicht, und daher müssen wir dringend etwas gegen den Klimawandel unternehmen.«

»Du scheinst mir an der Stelle keinen klaren Standpunkt zu haben. Dabei wäre das doch dringend notwendig, um endlich entsprechend handeln zu können.«

»Allerdings wäre ein klarer Standpunkt wichtig, damit man endlich mal entsprechend handeln kann.«

»Genau das habe ich doch gerade gesagt.«

»Der Klimawandel ist halt real. Es gibt ihn allerdings nicht.«

Das Gespräch kann auf diese Weise mühelos tagelang durchgezogen werden, ganz ohne Fortschritte.

Aber gehen Sie gerne noch ein paar Schritte weiter. Streuen Sie wahllos Lügen über sich selbst in die Diskussion ein, die Sie dann noch im selben Satz widerlegen: »Ich gehöre zur gar nicht mal so kleinen Minderheit der Analphabeten in Deutschland, da habe ich letzte Woche einen interessanten Artikel in der *Süddeutschen* drüber gelesen.«

Übrigens: Sollte ein Gespräch unerwartet aggressiv verlaufen, drohen Sie sich einfach selbst mit Gewalt. »Ich hau mir gleich aufs Maul, wenn du nicht ruhig bist!« Oder: »Das nimmst du zurück, oder ich schlage mich kaputt!«

Und falls das Gespräch doch zu gut verläuft und Sie aus Versehen zu viele konstruktive Dinge sagen und Sie nicht wissen, wie Sie da jetzt wieder rauskommen: Trauen Sie sich ruhig, laut zu pupsen. Auch bei öffentlichen Podiumsdiskussionen. Das ist albern, das ist unnötig, und nach einem halbstündigen aufschlussreichen Gespräch über die Klimaschutzmaßnahmen von Schwellenländern ist es maximal unerwartet.

Denken Sie daran: Wenn Sie diesen Tipps folgen, wird jedes Brunftklötzchen zum Flusenkanister!

TEIL 4
SCHLECHT DRAUSSEN

»Bleiben Sie im Bett.«

(SEBASTIAN 23)

---

23 Sich schlecht fortbewegen

Ich sollte nicht dauernd jedes Kapitel mit einem Zitat eröffnen, sonst fällt auf, dass ich das ganze Buch nach Schema F schreibe und es sich letztlich strukturell kaum von einem Ratgeber unterscheidet. Oder ist das gar die Absicht? Vielleicht versuche ich es ja mal mit einem selbstreferenziellen Absatz und ein gerütteltes Scheffel Metaebene. Wie auch immer, lassen wir das.

Johann Wolfgang von Goethe soll einmal gesagt haben, dass er lieber spazieren geht, als zu Pferde unterwegs zu sein, weil man sonst so schnell unterwegs sei, dass die Seele nicht hinterherkomme. Es ist also davon auszugehen, dass der gute Dichterfürst nach einem eiligen Ritt durch die Magdeburger Börde am Zielort angekommen erst mal vor der Tür stehen blieb und wartete, bis ihn seine hinterherhechelnde Seele eingeholt hatte.

Als später dann die Eisenbahn erfunden wurde, gab es zahlreiche Fortschrittskritiker, die sagten, dass man beim Blick durch das Zugfenster aufgrund der schnell vorbeifliegenden Landschaft verrückt werden könnte. Heute weiß man, dass es durchaus richtig ist, dass man auf Zugfahrten irrewerden kann. Dazu muss man allerdings nicht aus dem Fenster blicken, sondern nur den Gesprächen der anderen Reisenden zuhören.

Die Geschichte der Fortbewegung war also schon immer geprägt von schlechter Fortbewegung, mindestens seit die Menschen vor Erfindung des Rades ihre Lasten auf Dreiecken transportierten. Doch heutzutage gibt es so viele neue Fortbewegungsmittel, dass man schnell die Übersicht verliert. Vieles davon scheint auf den ersten Blick so gut geeignet, von A nach B zu kommen, dass Sie vielleicht Zweifel hegen, ob Sie es schaffen können, in dieser Multimobilität erfolglos zu werden.

Seien Sie unbesorgt, ich bringe Sie da durch. Der Schlüssel liegt in der richtigen Kombination. Kombinieren Sie Fahrzeug, Wetter, geografische Situation und Tageszeit geschickt zu Ihrem eigenen Nachteil.

Fahren Sie mit dem Fahrrad. Aber nur dann, wenn es hagelt und Ihr Ziel mindestens 4000 Kilometer entfernt ist. Nehmen Sie das Flugzeug, um zum Bäcker um die Ecke zu kommen. Es ist zudem eine spannende Herausforderung, für einen Airbus A380 in der Kölner Innenstadt einen passenden Parkplatz zu finden. Und wenn Ihnen das Geld für einen Airbus fehlt, fahren Sie doch eine Runde Skateboard auf High Heels über einen Schotterweg. Gehen Sie noch weiter! Laufen Sie barfuß über einen Scherbenhaufen. Reiten Sie auf einem Elefanten in einen Porzellanladen. Reiten Sie auf einem Analphabeten in einen Paul-Celan-Laden.

Das ist Ihnen alles nicht wild genug? Dann werden Sie noch kreativer! Schrauben Sie einen Sarg auf einen Aufsitzrasenmäher, lackieren Sie alles schwarz und bauen Sie sich somit das Cabrio des Todes. Inklusive klappbarem Dach. Ihr Heckspoiler sei eine derangierte Sense, die mit dem goldbraunen Rostansatz ihrer Klinge den Wind entzwei. Fahren Sie damit durch die Fußgängerzone. Falls ein Polizist Sie anhält, behaupten Sie mit Grabesstimme, Sie hätten sich beeilen müssen, denn seine Zeit sei gekommen.

Reiten Sie auf einem Besen in eine Esoterikbuchhandlung, springen Sie von Regal zu Regal, kichern Sie irre und murmeln dabei etwas von Blocksberg und Walpurgisnacht.

Gehen Sie als Auto verkleidet S-Bahn-Surfen. Klettern Sie während der Fahrt aus dem fahrenden Zug, setzen Sie sich auf das Dach und rufen Sie »Brumm, brumm«. Probieren Sie das gerne auch mal auf einem Hubschrauber.

Der Fantasie sind mal wieder keine Grenzen gesetzt. Und machen Sie ruhig langsam. Hektik gibt nur Hautausschlag. Die Hauptsache bei der Fortbewegung ist doch, dass man niemals am Ziel ankommt. Niemals. Denn der Weg ist das Ziel, also ist das Ziel der Weg. Und der Weg ist Ihre Couch.

Machen Sie es sich also ruhig gemütlich, Ihre Seele wartet dort schon auf Sie.

24 Schlecht Urlaub machen

Was hat Hape Kerkeling uns angetan? Oder vielleicht besser gefragt: Was haben wir eigentlich Hape Kerkeling getan? Seit dem durchschlagenden Erfolg seines Buches *Ich bin dann mal weg* bombardiert man uns flächendeckend mit Ratgebern, die uns zeigen wollen, wie wir unser Leben durch eine Reise verbessern können. Vielleicht war das Kind aber auch schon vorher in den Brunnen gefallen oder hatte sich in Indien selbst gefunden oder wie die Redewendung noch mal geht. In Büchern wie *Eat, pray, love* rennen die Hauptfiguren jedenfalls wie wild geworden quer über den Globus, als wollten sie ihren Schrittzähler zur Explosion bringen. Oder das Glück finden. Falls das nicht ohnehin dasselbe ist.

Noch konsequenter betreiben das mit den vielen Schritten die Autorinnen der extrem erfolgreichen Bücher *Der große Trip* und *Laufen. Essen. Schlafen.* Diese handeln nämlich tatsächlich davon, dass die beiden Damen jeweils Tausende Kilometer gewandert sind. Am Ende solcher Bücher finden sich die Leute irgendwo da draußen dann tatsächlich selbst, als wäre das nicht die platteste Plattitüde seit Platon dem Platten.

Gesa Neitzel hat in ihrem Buch *Frühstück mit Elefanten* einen ganz anderen Ansatz, der eher darauf beruht, dass sie eine Ausbildung zur Safari-Rangerin macht. Darüber kann ich zumindest schmunzeln, denn auf den Gedanken muss man auch erst mal kommen, nach Afrika zu gehen und dort jemandem den

157

Arbeitsplatz zu klauen. Aber natürlich wollte Gesa Neitzel keinen Arbeitsplatz klauen, sondern herausfinden, wie sie sich in dieser fremden Welt schlägt und ob »ihre Instinkte überhaupt noch funktionieren«. Herrlich eurozentrischer Quark, durch den eine feine Prise postkolonialistischen Denkens wabert. Afrika fungiert im Buch nur als stereotype Kulisse für die Sinnsuche einer Europäerin. Egal, das ist es alles wert, denn am Ende findet sich die Autorin natürlich selbst. Und auch noch eine Aufgabe und den Beginn eines neuen Lebens. Na, herzlichen Glückwunsch.

* * *

Aber auch wenn man schon weiß, wo man ist und sich also gar nicht mehr selbst suchen muss, kann man natürlich auf Reisen gehen. Bei einem Blick in einen zeitgenössischen Reisekatalog gewinnt man schnell den Eindruck, dass dieser Globus von Traumzielen geradezu wimmelt. Perlweiße Strände reihen sich nahtlos an schneeweiße Skipisten, spektakuläre Sehenswürdigkeiten fließen ineinander mit rauschenden Partynächten. Und das alles allein in Castrop-Rauxel. Vom Rest der Welt zu schweigen, wo es noch glamouröser zugeht, noch mehr Spaß macht und die Sonne so sehr scheint, dass Sie allein beim Gedanken daran Sonnenbrand auf der Synapse kriegen.

Kein Wunder, dass Ihnen da das Gehirn juckt und Sie sich fragen: Wieso sind eigentlich immer alle im Urlaub, nur ich nicht? Wieso schmusen alle mit den

Securities am Flughafen, während Sie sich am Montagnachmittag im Büro an eine lauwarme Halbliterdose Oettinger alkoholfrei kuscheln? Wieso chillen alle an Traumstränden und lächeln mit einer schnapsgefüllten Kokosnuss in der Hand dem Sonnenuntergang entgegen, während Sie auf einem aufgeweichten Acker im Nieselregen sitzen und eine charakterlich fragwürdige Steckrübe angrinsen?

Da kann schon mal ein bisschen Neid aufkommen. Aber grämen Sie sich nicht. Stellen Sie sich lieber diese Frage: Haben Sie wirklich Lust zu versuchen, einen perfekten Urlaub zu machen? Das artet doch nur in Stress aus. Schlägereien am Buffet, Massenaufläufe an einsamen Buchten, meilenlange Schlangen – um am Ende eine Ruine zu sehen. Im Ernst, wollen Sie Eintritt bezahlen, um in einem Meer aus Selfiesticks um exotisches Tier oder einen großen Stein herumgeführt zu werden?

Selbst der berühmte Urlaubsflirt ist maßlos überbewertet. Sex am Strand klingt toll, bedeutet aber in Wirklichkeit bei näherer Betrachtung hauptsächlich ein grobes Sandgeknirsche in sämtlichen Furchen und Untiefen ihres Körpers. Da können Sie auch gleich einen halben Meter Schmirgelpapier mit Zunge küssen.

* * *

Nun ist natürlich klar, dass Sie sich im Sommer eine Auszeit nehmen wollen, allein schon, um den heimischen Einbrechern auch mal eine Chance zu geben.

Aber was sollen Sie tun, wenn Sie keinen guten Urlaub anstreben?

Ich bin ein wenig überrascht über diese Frage, denn die Antwort dürfte Ihnen an dieser Stelle des Buches doch schon selbst auf den Lippen liegen. Lesen Sie überhaupt aufmerksam? Ich komme da gleich mal raus aus dem Buch und kontrolliere!

Also, um sich frei zu machen, wählen Sie den Weg der Pessimierung! Versuchen Sie gefälligst, den schlechtesten Urlaub, der auch nur irgendwie möglich ist, zu machen. Aber keine Sorge, gerade mit dieser eher anspruchsvollen Aufgabe lasse ich Sie nicht allein.

Das Geheimnis eines schlechten Urlaubs ist die Vorbereitung. Ein schlechter Urlaub beginnt bereits beim Buchen. Fangen Sie doch viel zu spät damit an. Ein bisschen Hektik verdirbt schon im Vorfeld jede gute Laune. Genießen Sie das wunderbar schreckliche Gefühl, im Reisebüro nur noch den letzten Ramsch angeboten zu kriegen. Verzichten Sie dabei unbedingt auf Last-Minute-Angebote: Was nichts kostet, kann auch nichts sein.

Wenn Sie es ein bisschen umständlich mögen, kann ich sehr empfehlen, zunächst zu versuchen, Ihre Reise nicht im Reisebüro zu buchen. Versuchen Sie es zunächst in ganz anderen Etablissements. Das wird gewiss ganz zauberhaft:

Sie: »Ich interessiere mich für eine Reise an den Baikalsee.«

Verkäufer: »Aber Sie stehen hier am Drive-in-Schalter eines Fast-Food-Restaurants.«

Sie: »Dann möchte ich bitte eine Reise an den McBaikalsee.«

Ähnlich schlechte Ergebnisse erzielen Sie in so kurzer Zeit auch in Wäschereien, Kfz-Werkstätten oder in den wissenden Armen der Crackhändler vorm Frankfurter Hauptbahnhof.

Wenn Sie dann doch bei einem Reisebüro gelandet sind, dann beharren Sie unbedingt auf einem wirklich schlechten Reiseziel. Es sollte keinerlei Sehenswürdigkeiten, schlechtes Wetter, keine Hotels, keine Restaurants und im Idealfall keine befestigten Straßen geben. Perfekt ist es, wenn Ihr Reiseziel zudem sehr nah an Ihrer Heimat liegt oder gar Ihre Heimatstadt ist.

Machen Sie zum Beispiel am anderen Ende Ihrer Stadt vier Wochen Anti-Wellness in einer leer stehenden Bauruine. Stecken Sie morgens als Massage den Kopf in einen rostigen Betonmischer, essen Sie verendete Tauben und Moos und fallen Sie schließlich beim Wandern in eine aufgeweichte Baugrube, wo Sie sich am halb fertigen Fundament ein Bein brechen und drei Wochen auf Hilfe warten müssen. Denn in den Ferien ist hier natürlich niemand zu Hause. Da können Sie herrlich schreien und weinen, ohne schief angeguckt zu werden.

Falls Sie sich für ein ferneres Ziel entscheiden, achten Sie unbedingt darauf, schon durch die Anreise alles zu ruinieren. Haben Sie nur ein Wochenende frei, fahren Sie mit dem Fahrrad nach Peking. Schwimmen Sie nach Grönland. Fahren Sie im August auf Langlaufski von Hamburg nach Berlin. Sie müssen vor Ort auch nicht zwangsläufig in einer Bauruine oder unter einer Brücke übernachten. Viele Hotels stehen diesen Optionen in puncto schlechtem Komfort in nichts nach. Ihr Motto bei der Auswahl sollte sein: »Viele Sterne? Nicht so gerne!« Wenn Sie viele Sterne wollen, können Sie unter freiem Himmel übernachten. Aber dafür sind Sie ja nicht hier. Achten Sie also bei der Hotelwahl stets auf fensterlose Zimmer, die idealerweise trotzdem zum Innenhof gehen sollten, nur zur Sicherheit. Falls es durch ein Erdbeben zu einem Riss in der Außenwand kommt, haben Sie so immer noch keinen Meerblick.

Pessimieren Sie Ihr Gefühl im Hotel dadurch, dass Sie es sich mit allen anderen Urlaubern verscherzen. Besonders effektiv geht das, indem Sie morgens sehr früh aufstehen und Ihr Badetuch quer über das Frühstücksbuffet werfen. Treten Sie dann noch einen unbescholtenen Touristen aus dem Baltikum in einen nahe gelegenen Brunnen und rufen Sie in vollem Schwung: »DAS IST SPARTA!«

Ohnehin sollten Sie nur Deutsch reden, egal in welchem Land Sie unterwegs sind. Erhöhen Sie den Überraschungseffekt, indem Sie Ihr Gegenüber vorher nicht fragen, ob es ebenfalls Deutsch spricht. Hören Sie die Antwort Ihres Gesprächspartners dann aufmerksam an und übertragen Sie diese laut ins Deutsche. Gehen Sie dabei auf keinen Fall nach der Übersetzung des Inhalts, das ist etwas für Anfänger! Übersetzen Sie alles nur nach Klang. Das kann dann zum Beispiel so laufen:

Verkäufer: »Can I help you?«
Ich: »Kenn ich Elbhuhn?«
Oder:
Kellner: »What do you want for dinner?«
Ich: »Watt tut die Wand für Diener?«

Das führt zu wunderbar unangenehmen Situationen, zumal der Gag schon in den 1980ern bei Otto Waalkes nicht übermäßig witzig war.

Apropos besonders unangenehme Situationen: Ihren Urlaub können Sie natürlich gravierend verschlimmern, indem Sie sich ein umfassendes Repertoire sehr unpassender Freizeitaktivitäten zusammenstellen.

Machen Sie sich frei und nehmen Sie ein Sonnenbad im Tiefschnee! Schwimmen Sie in einem Sumpf in Florida und lernen Sie ein paar bissige Großechsen aus der Nähe kennen! Unternehmen Sie eine Fahrradtour in der Wüste! Machen Sie mit Ihrem Mietwagen eine Safari – im Zoo in New York!

Der Fantasie sind keine Grenzen gesetzt! Die Hauptsache ist, Sie finden sich dabei nicht selbst.

25 Schlecht Sport machen

Wir leben in Zeiten, in denen man von seinem Fitness-armband durch die Straßen gepeitscht wird auf der Jagd nach der ewigen Jugend und den heiligen Segnungen der allgemeinen Beweglichkeit. Da wird schnell jeder Schritt gezählt, und am Ende des Tages sehe ich dann auf dem Smartphonebildschirm ganz klar vor mir, wie viel ich als Mensch wert bin. Nämlich genau so viel, wie ich an dem Tag Schritte gegangen bin. Also null.

Doch lassen Sie sich nicht von einem Armband oder einem anderen Fachmann erzählen, wie Sie Sport treiben sollen! Lesen Sie auf keinen Fall einen Fitness-ratgeber! Das ist doch auch widersinnig: Lesen ist im Prinzip gar kein Sport und verbraucht auch so gut wie keine Kalorien!

Hören Sie auch auf gar keinen Fall auf Ihre innere Stimme, die Ihnen vorgaukelt zu wissen, was gut für Sie ist! Nein! Hören Sie auf mich! Ich bin so sportlich wie ein Sack Zement und damit das perfekte Vorbild, wenn es darum geht, einen originellen, einzigartigen und effektiven Weg zu finden. Einen Weg, richtig schlecht Sport zu machen.

Elementar gehört zum schlechten Sport wenig oder gar kein Licht. Das klingt erst mal wenig einleuchtend, ergibt aber in Anbetracht einiger Beispiele sofort mehr Sinn: Dart im Dunkeln. Biathlon bei Nacht. Synchron-schwimmen während einer Sonnenfinsternis. Das geht überhaupt nicht gut – ideal für unsere Zwecke.

Auch sollten Sie unbedingt darauf achten, sich vor dem Sport nicht aufzuwärmen. So sind Sie nicht nur maximal ungeschmeidig in den Bewegungsabläufen und durchwirken die eigene Physis wie ein Wellensittich eine barocke Arie. Nein, durch Ausklammern von Aufwärmübungen sparen Sie zudem Zeit, und was das Beste ist: Sie maximieren das Verletzungsrisiko. Und mit nichts lässt sich schlechter Sport besser machen als mit einem Gipsverband. Überanstrengen Sie sich außerdem bei Ausdauersportarten bereits in den ersten Minuten, dann können Sie zum Beispiel die letzten 39 Kilometer eines Marathons effektiv und über viele Stunden hinweg maximal unangenehm gestalten.

Suchen Sie sich bitte unbedingt auch eine Sportart aus, die rein gar nicht zu Ihnen passt. Sind sie federleicht und schwach wie ein Grüntee nach einer halben Sekunde Ziehzeit, dann probieren Sie Hammerwerfen. Können Sie nicht schwimmen – Wasserball! Haben Sie Höhenangst – Paragliding! Hassen Sie Schwarz-Weiß-Denken – Spielen Sie Schach gegen Störche!

Achten Sie beim schlechten Sport zudem stets auf falsche Bekleidung. Nur so können Sie wirklich das wenigste aus Ihrer Sporterfahrung rausholen. Probieren Sie Kunstturnen im maßgeschneiderten Nadelstreifenanzug, Fußball im Abendkleid, Hürdenlauf auf High Heels oder auch Turmspringen in Ritterrüstung.

Bei Mannschaftssportarten seien Sie unbedingt jederzeit unfair und spielen Sie probeweise auch mal gegen die Interessen der eigenen Mannschaft. Im Idealfall kombinieren Sie beides und seien Sie unfair zu Ihren eigenen Mitspielern. Kreative Schlechtmacher nehmen außerdem die Regeln einer Sportart und wenden Sie in einer anderen Sportart an, ohne die Mitspieler zu informieren. Spielen Sie Basketball nach Fußballregeln. Werfen Sie mit einem Diskus auf eine Dartscheibe. Schießen Sie mit einem Biathlongewehr auf einen Basketballkorb. Spielen Sie Dressurreiten nach Rugbyregeln, wemmsen Sie die affektierten Hansel mit ihren affigen Zylindern mit Schwung vom Pferd. Spielen Sie Rugby nach den Regeln des Dressurreitens, indem Sie den Ball galant und anmutig zu Pferd ins gegnerische Malfeld tragen.

Nicht zuletzt sollten Sie sich daran gewöhnen, nach dem Sport nicht mehr zu duschen. Insbesondere wenn Sie heftig geschwitzt haben, geben Sie damit auch Ihren Mitmenschen die Chance, dass ihnen schlecht wird. Denn nur, wenn wir alle gemeinsam richtig schlecht drauf sind, können wir uns auf Augenhöhe begegnen. Und zwar in der Achselhöhle.

26 Schlecht den ÖPNV nutzen

Blaise Pascal hat einmal gesagt: »Das ganze Unglück der Menschen rührt allein daher, dass sie nicht ruhig in einem Zimmer zu bleiben vermögen.« Irgendwie logisch, dass Blaise Pascal 1662 mit seiner Gründung der »Les carrosses à cinq sols« (»Fünfgroschenkutschen«) in Paris als Vordenker des öffentlichen Nahverkehrs gilt. Im selben Jahr ist er dann auch sofort verstorben. Das war wiederum sehr konsequent. Denn wer schon einmal in einer Straßenbahn saß, der weiß, was Schmerz bedeutet. Wem nur einmal bereits beim Betreten der Treppe in die Unterwelt der feuchtwarme Atem der U-Bahn wie der verliebte Hauch einer Milchkuh ins Gesicht schlug, der kennt die Dunkelheit. Wer auch nur einmal in den Ziehharmonikawänden eines Drehgelenkbusses verschluckt wurde und dort drinnen nach Tagen des Umherirrens eine chinesische Reisegruppe gefunden hat, die seit 1997 vermisst wurde, der weiß, wovon ich rede.

Also, werden Sie fragen, was gibt es denn da groß schlechter zu machen? Reicht es nicht schon, den ÖPNV zu betreten, und schon ist alles schrecklich? Ist die U-Bahn nicht das schlechte Leben »to go«?

Gut, dass Sie fragen! Wenn Ihnen das allgemeine Unglück nicht reicht, können Sie es noch grob verschlimmern. Dafür gibt es einen ganz einfachen Trick: Lassen Sie einfach Ihre Kopfhörer zu Hause und lauschen Sie den Gesprächen der Mitreisenden. Ich mache das seit Jahren konsequent, und auch wenn es mir ein gelegentliches unfreiwilliges Schmunzeln entlockt, so tut es doch in erster Linie einfach nur weh.

Hier eine Auswahl der Dinge, die ich so mitgehört habe:

Der lebensrettende Vibrator

Typ 1: »... voll krass, die Serie, ich schwör! Da hat so einer nen Herzinfarkt oder so ne Scheiße und nippelt voll ab, aber der Arzt ist voll schnell und hält dem so einen Delfinvibrator an die Brust und BÄMMM!«

Typ 2: »Warte, warte. Ich glaube, du meinst Defibrillator.«

Der Angriff

Jugendlicher 1: »Schon krass, dass man weiß, woher die Erde kommt, aber nicht, woher das Universum kommt.«

Jugendlicher 2: »Häh? Die Erde war doch vor dem Universum da.«

Jugendlicher 1: »Nee, die Erde ist doch im Universum drin.«

Jugendlicher 2: »Ach ja, stimmt.«

Kurze Pause.

Jugendlicher 1: »Vielleicht verlassen die Menschen irgendwann sogar die Erde und leben auf einem anderen Planeten.«

Jugendlicher 2: »Wieso sollten wir das denn machen?«

Jugendlicher 1: »Weil die Umwelt kaputtgeht. Oder weil wir angegriffen werden.«
Jugendlicher 2: »Wer soll uns denn angreifen?«
Jugendlicher 1: »Keine Ahnung. Vielleicht die Tiere!«

Zwei ältere Damen im Internet
Dame 1: »Ich gehe jetzt nicht mehr auf YouTube.«
Dame 2: »Warum das denn nicht?«
Dame 1: »Da habe ich neulich ein Pferd von gehabt.«
(Ich habe sehr lange über diesen Dialog nachgedacht. Ich glaube, sie meinte Trojaner.)

Manchmal hat man Glück und gerät auch direkt mit den Menschen in einen Dialog. Dann erfährt man viel über den ansteckenden Hautausschlag, den die freundliche Dame auf dem Sitz direkt neben einem hat. Oder man lernt Neues darüber, welcher Mitreisende die Telefonnummer des französischen Präsidenten kennt und mit einem einzigen Anruf Europa plattmachen könnte. Das ist natürlich gut zu wissen!

Manchmal ergeben sich schöne Gespräche auch schon vor der Abfahrt. Ich stand mal mit einigen Freunden nachts am Dortmunder Bahnhof und wartete auf einen Zug. Zwei sehr blasse Männer, einer untersetzt, der andere mit fettglänzend strähnigem blonden Haar, blieben vor uns stehen. Ihre Augen blickten etwas ängstlich umher, sie sahen aus wie frisch aus der JVA geflohen.

Mann 1: »Dürfen wir Ihnen für einen Euro ein Gedicht vortragen?«

Wir: »Okay, klar, hier ist das Geld.«

Mann 2: »Was ist denn der Sinn des Lebens? Die meiste Zeit macht man sich darüber keine Gedanken, sondern lebt einfach so vor sich hin. Aber dann denkt man doch irgendwann darüber nach und merkt, wie wichtig die Frage ist.«

Mann 1: »Voll schön, oder?«

Wir: »Äh …«

Mann 1: »Komm, mach noch eins.«

Mann 2: »Erst wenn der letzte Baum gefällt und der letzte Fluss vergiftet ist, werdet ihr merken, dass man Geld nicht essen kann.«

Mann 1: »Ja, so kann man auch mal darüber nachdenken.«

Wir: »Äh …«

Mann 2: »Wir müssen weg, die Grünen kommen.«

Mit einem Blick umher stellte ich schnell fest, dass sich nicht Cem Özdemir oder Joschka Fischer näherten (dann wäre ich wohl auch geflüchtet), sondern mit »die Grünen« die Polizei gemeint war.

Apropos Polizei, hier noch ein letzter kleiner Tipp für Fortgeschrittene: Fahren Sie unbedingt immer schwarz. Nicht weil es günstiger ist, sich die Ticketkosten zu sparen, im Gegenteil. Man wird ja regelmäßig erwischt. Das tut nicht nur im Portmonee weh, sondern ist als Situation außerordentlich unangenehm. Alle gucken und sind peinlich berührt. Und Sie mittendrin. Leichter kriegen Sie das Unglück nicht geliefert.

27 Schlecht snacken & picknicken

Wenn man längere Zeit unterwegs ist, dann nimmt man nicht nur sein Handtuch mit. Also, man nimmt natürlich schon ein Handtuch mit, das haben wir schließlich alle bei Douglas Adams gelernt, aber man nimmt eben nicht nur sein Handtuch mit. Bei einem längeren Verlassen der eigenen holden Wohnhöhle ist es immer ratsam, zusätzlich noch einige Snacks einzupacken oder gar ein ganzes Picknick in einen Korb zu stopfen. Der trendige Ausflügler beschreitet die Außenwelt generell nicht ohne entsprechende Selbstverpflegungsoptionen.

In den einschlägigen Magazinen, in Foren und Büchern werden wir selbstverständlich auch zu diesem Thema gründlich zugetextet. Wie hat man seine Snacks zuzubereiten, wie zu transportieren, und darf man sie am Schluss gar einfach in den Mund stecken und essen? Das sind keine leicht zu beantwortenden Fragen, vor allem scheint man Ihnen diese Antwort nicht zuzutrauen.

Auf der Seite *essen-und-trinken.de* fand ich zum Beispiel folgenden Tipp für den Transport: »Empfindliche Picknickzutaten wie Bananen im Korb nicht nach ganz unten packen.« Das ist die Sorte Ratschläge, die man Leuten gibt, denen man auch sagen muss, dass der Besuch einer laufenden Dusche mit zunehmender Feuchtigkeit einhergehen könnte:

»Huch, nanu. Annegret, ich war gerade in der Dusche, und jetzt bin ich völlig nass.«

»Mein Gott, Gustav, wie konnte das denn nur passieren? Soll ich einen Arzt rufen?«

Aber gut, in dem Artikel geht es im Anschluss auch noch sehr ausführlich darum, dass man gemütlicher sitzt, wenn man Kissen mitnimmt. Das ist natürlich nicht von der Hand zu weisen. Schon klar. Noch viel besser sitzt man, wenn man nicht nur Picknickdecke und Kissen dabeihat, sondern auch noch ein Sofa in den Park trägt. Im Idealfall hat man dann noch einen passenden Tisch dazu, denn das soll ja auch alles zusammenpassen.

Die Zutaten halten sich besonders lange frisch, wenn man obendrein den eigenen Kühlschrank in den Park transportiert hat. Und wenn man schon dabei ist, kann man bei zusätzlicher Platzierung des eigenen Herds und des Ofens auch kleine bis mittlere Snacks ganz frisch direkt im Park zubereiten. Das ist natürlich ein ganz besonderes Highlight.

Schade wäre, wenn ein solch gelungener Picknickausflug mit allem Drum und Dran vom Wetter zerstört würde. Darum nehmen richtige Picknickprofis zusätzlich zu all dem auch noch drei bis vier Wände und ein Dach mit. Am besten wird sein, Sie verlegen Ihre ganze Wohnung mit in den Park. Oder, und jetzt kommt ein richtig krasser Lifehack: Bleiben Sie doch einfach zu Hause, wenn die Natur Sie nervt oder Sie eine Wiese ungemütlich finden. Als kleinen Kompromiss können Sie das Picknick-Feeling einfach in Ihr Eigenheim lassen und sich eine Ameisenkolonie ins Wohnzimmer holen.

Auch wenn Sie vielleicht nicht so sehr auf Picknicks stehen, nehmen Sie vielleicht gerne mal einen Snack ein. Doch Vorsicht! Der Snack ist ein vager Gegenstand. Niemand weiß genau, was der Snack ist! Er ist durch gängige Definitionen nicht einzugrenzen, der listige kleine Knabberbagger! Es handelt sich beim Snack ja im Prinzip um eine kleine Zwischenmahlzeit, die man irgendwo zwischen den 37 Hauptgerichten pro Tag einwirft. Was man jedoch als kleine Zwischenmahlzeit empfindet, unterscheidet sich ja je nach Laune und Appetit. Manch einem ist schon eine halbe Erdnuss zu viel, andere betrachten ein komplettes Spanferkel als Fingerfood für die Zahnlücke.

Trotzdem wird gründlich versucht, uns in unsere individuelle Snack-Glückseligkeit reinzuratgebern. Der Buchmarkt birgt eine Springflut an Werken zu diesem Sujet. Ob nun Power Snacks, Office Snacks, Superfood Snacks oder Sterne Snacks – die Varianten sind zahlreich und scheinbar umfassend. Glauben Sie ja nicht, dass Sie zwischendurch einfach einen Apfel essen könnten, Sie uninformierter Banausenklotz! Ordentlich und zeitgemäß snacken will gelernt sein. Unterhalb eines Schoko-Kirsch-Goji-Riegels (aus *Superfood Snacks* von Julie Morris) geht da gar nichts. Die Riegel dauern gefühlte 12 000 Stunden in der Vorbereitung, sind dann aber ein superschneller easy Snack für zwischendurch. Hauen Sie mir also bloß ab mit Ihrem komplizierten Apfel. So ein Apfel ist doch nicht vegan und glutenfrei genug! Der kann womöglich auch noch Spuren von Nüssen enthalten! Und das Allerschlimmste: Der ist günstig zu haben! Pfui, wie vulgär! Böser Apfel!

Einen neuen Snack gibt es jetzt von einer amerikanischen Fast-Food-Kette, die hier nicht namentlich genannt werden soll, aber die dafür berüchtigt ist, das Leben von Millionen Hühnern zu einer Albtraumvision aus dem siebten Kreis von Dante Alighieris Hölle zu machen. Da gibt es jetzt nicht mehr nur Frittiertes aus dem Hühner-Gulag, sondern neuerdings auch noch Nagellack. Und zwar einen verzehrbaren Nagellack, der nach der spezifischen Gewürzmischung dieser Fast-Food-Kette schmeckt. Ich dachte mir, dass ich das hier mal anfüge, falls Sie dazu neigen, Formulierungen wie »Finger Food« falsch zu verstehen. Vielleicht leben Sie ja im wahrsten Sinne von der Hand in den Mund. Ich urteile da nicht. Jeder nach seinem Gusto. Wenn Sie appetitliche Fingerchen haben, langen Sie meinetwegen ordentlich zu. Dann wird es vielleicht nichts mehr mit Ihrer Karriere als Pianistin, aber Sie haben es mit diesem Hilfsmittel wenigstens würzig.

Wenn Sie sich aktiv gegen diese obskure Snack-Bevormundung wenden wollen, reicht es jedoch leider nicht, einfach zum Apfel zu greifen. Mit reiner Verweigerung ist es nicht getan. Gehen Sie proaktiv gegen die Optimierung vor! Ruinieren Sie Ihr Picknick, pessimieren Sie Ihren Snack! Packen Sie herrlich unangemessene Mengen rohes Fleisch ein. Am besten auf eine denkbar ungeeignete Art transportiert. So eine alte Aldi-Tüte, randvoll mit Mett, die gibt ein großes

Hallo bei jedem Picknick. Stecken Sie für sich und Ihre Freunde direkt ein paar Strohhalme in die Tüte, gemeinsam zuzeln macht doppelt Spaß!

Oder snacken Sie doch zwischendurch auch einfach mal absolut unverdauliche Gegenstände wie Telefone, Bücher oder Ihre Hose. Ja, ballern Sie sich Ihre Hose mit Senf in den gierigen Schlund. Das entspannt und befreit, auch untenrum. Falls Sie Bücher verzehren wollen, dann kann ich auf eine erstaunliche Studie hinweisen, die ich mir selbst ausgedacht habe. Dabei ist herausgekommen, dass insbesondere Snack-Ratgeber besonders gut als Snack geeignet sind. Schöner Nebeneffekt: Durch den Verzehr dieser Ratgeber werden Sie auch nicht blöder, als wenn Sie diese lesen.

TEIL 5

ZWISCHEN-
UNMENSCHLICHES

>> Die Hölle, das sind die anderen. <<

(JEAN-PAUL SARTRE)

>> Die Hölle, das ist Jean-Paul Sartre. <<

(DIE ANDEREN)

28 Schlecht daten

Den falschen Partner fürs Leben zu finden ist einer der Schlüssel zu dauerhaftem Unglück. Lassen Sie sich nicht von den zahlreichen Dating-Tipps in Zeitschriften, Foren, Filmen oder auf Vollkornspaghetti-Packungen täuschen. Erliegen Sie nicht der Illusion, es gäbe irgendwo da draußen ein Date, das gut oder gar perfekt verläuft. Ich weiß es besser, Sie wissen es besser, und Ihr Date wird es auch noch lernen. Also lassen Sie den Quatsch. Machen Sie Ihr Date zu einer konsequenten Katastrophe. Denken Sie immer daran: Ihr Gegenüber könnte sehr wohl der oder die Richtige sein. Aber bestimmt nicht für Sie. Lassen Sie alle Hoffnung fahren und genießen Sie die Krümel, die für Sie vom Tisch des Schicksals plumpsen.

Für die meisten Kapitel in diesem Buch habe ich umfangreich recherchiert, die Archive durchforstet und den Forst durcharchiviert. Für dieses Kapitel jedoch brauchte ich weniger Vorbereitung, denn in diesem Bereich bin ich ein Naturtalent. Das kann ich noch schlechter als handwerken. Dates waren nämlich noch nie meine Stärke. Noch schlechter aber bin ich darin, fremde Menschen anzusprechen. Oder gar Menschinnen. Das führt dazu, dass ich schweigend vor der Verkäuferin an der Käsetheke stehe und mit einer scheuen Kopfbewegung auf den Emmentaler deute. Ich kann gar nicht sagen, wie viel Gouda ich deswegen schon gegessen habe.

Und wenn ich abends im Club eine Dame entdecke, die mein Interesse weckt, dann läuft das im Prinzip ähnlich. Ich stehe schweigend an der Theke und deute mit einer scheuen Kopfbewegung auf die Auserwählte. Ich kann gar nicht sagen, mit wie vielen falschen Leuten ich deswegen schon geschlafen habe. Und ja: Ich habe »Leute« gesagt und nicht »Frauen«. Vielleicht sollte ich auch einfach an meiner Technik arbeiten, mit dem Kopf zu deuten.

Einmal habe ich mich übrigens doch getraut, in einem Club auf eine Frau zuzugehen. Eine anmutige Erscheinung war das: lange, braune Locken und Augen so dunkel und tief wie ein mondloser Nachthimmel. Sie stand an der Bar wie eine Gazelle an der Wasserstelle in der Serengeti. Also pirschte ich mich durch die Menge der Tanzenden heran wie ein Löwe durch das hohe Gras der Savanne. Ich näherte mich mit weichen, aber kräftigen Bewegungen, meine Mähne wehte im lauen Steppenwind. Sie senkte ihren schlanken Hals, spitzte ihre Antilopenlippen und zog an dem Strohhalm ihres Mojitos. Als ich schließlich neben ihr stand, hatte ich mich so sehr in das Savannenszenario gesteigert, dass ich ihr aus Versehen in den Arm biss. Der Türsteher hat mich dann mit einem Betäubungspfeil zur Strecke gebracht, mir das Fell über die Ohren gezogen und einen Bettvorleger aus mir gemacht.

Dates waren also nicht immer meine Stärke. Aber Alleinsein eben auch nicht. Wenn ich zu lange alleine bin, fange ich an, Selbstgespräche zu führen. Da ich mir selbst gut gefalle, wird der Tonfall dabei schnell flirty, und das ist dann ziemlich awkward für alle Beteiligten. Also begebe ich mich doch immer wieder auf die Suche. Nur wie?

Ich wollte es mit einer Dating-App versuchen, aber bei Tinder habe ich mich gefühlt wie eine Mischung aus einem Scheibenwischer und einem halben Pfund Notgeilheit. Die Idee der Dating-App »Candidate« hat mir hingegen eher eingeleuchtet, als ich davon hörte. Na klar, dachte ich, man ist beim Kennenlernen oft viel zu oberflächlich und achtet nur auf das Aussehen, bis man plötzlich seiner Traumfrau in den Arm beißt. Da ist es doch viel einleuchtender, sich beim Kennenlernen ein bisschen zu unterhalten – oder gleich erst mal ein paar Fragen zu stellen und zu beantworten, bevor man sich überhaupt sieht. Ganz ehrlich, wenn jemand auf die Frage nach seinem Lieblingsessen antwortet: »Mein Lieblingsessen ist *der* Nutella«, dann will man doch schon gar nicht mehr wissen, wie derjenige aussieht.

Also wollte ich mir die Candidate-App auf mein Handy ziehen, musste aber feststellen, dass die überhaupt nicht mit dem Betriebssystem kompatibel ist. Ich habe ein Nokia 3310. Ich kann einfach nichts wegwerfen, was noch funktioniert, also werde ich wohl noch Wochen nach meiner Beerdigung zwei Meter unter der Erde Snake spielen können. Ich musste kreativ werden, wenn ich dennoch mit einer der Methoden von »Candidate« arbeiten wollte. Als mich eines schönen Tages mein Arbeitskollege Sven mit einer alten Schulfreundin von sich namens Elena zu einem Blind Date zusammenbrachte, wusste ich, was

zu tun ist. Wir waren um neunzehn Uhr zum Abendessen in einem italienischen Restaurant verabredet,
und ich hatte mich in Schale geworfen: Ich betrat den
Laden in einem dunkelblauen, maßgeschneiderten
Anzug und mit einem Kartoffelsack über dem Kopf.
Durch den groben Leinenstoff sah ich Elena, die ich
sofort am vereinbarten Zeichen erkannte, einer Rose
im Knopfloch. Außerdem war sie die einzige andere,
die ebenfalls einen Kartoffelsack auf dem Kopf hatte.
Nach einer kurzen Begrüßung begann ich ohne Um-
schweife mit der ersten Frage:

»Was ist dein Lieblingsgegenstand in deiner
Wohnung?«

Elena dachte nicht lange nach:

»Das Licht im Kühlschrank. Sonst würde ich ja
nachts das Essen nicht sehen.«

Sehr gut, dachte ich. Ich mag Frauen, die sich für
Technik interessieren.

»In welchem Film hättest du gerne mitgespielt und
warum?«

»Titanic. Dann hätte ich Kate Winslet eine knallen
können. Auf der Scheißtür war ja wohl noch genug
Platz für Leo, ey!«

Richtige Antwort. 100 Punkte. Außerdem gefiel
mir ihre dunkle Stimme und ihre Bereitschaft zur Gewalt. Letzte Frage.

»Welche drei Inseln würdest du auf einen einsamen Gegenstand mitnehmen?«

»Santorini, Fuerteventura und Berlin.«

»Berlin?«, hakte ich nach.

»Nur weil Brandenburg nicht aus Wasser ist, heißt das nicht, dass Berlin keine Insel ist. Muhahaha!«

Ich wackelte anerkennend mit dem Kartoffelsack. Schlagfertig war Elena auf jeden Fall. Was sollte ich an der Stelle anderes machen, als mich in diesen Kartoffelsack zu verlieben? Mein Herz klopfte, aber ich versuchte, cool zu bleiben.

»Okay«, sagte ich, »das klingt für mich alles super. Von mir aus können wir die Kartoffelsäcke gerne lüften.«

»Einverstanden.«

»Auf drei.«

Ich zählte bis drei, und wir zogen uns gleichzeitig den Sack vom Kopf. Es dauerte einen Moment, bis mir klar wurde, woher ich die langen, braunen Locken und diese dunklen Augen kannte. Erst jetzt sah ich auch die Bissspuren an ihrem linken Arm. Elena sah mich mit entsetzten Gazellenaugen an. Ich rang um Worte:

»Äh... Hmmm … Ich hätte gerne 200 Gramm Emmentaler?«, hörte ich mich sagen und wollte am liebsten in den Kartoffelsack zurück. Elena überlegte nicht lange und biss mir in den linken Arm. Ich überlegte auch nicht lange und sagte:

»Aua.«

»Jetzt sind wir ausgeglichen«, entgegnete Elena und lächelte. Dann ging sie weg. Und das, meine sehr verehrten Damen und Herren, war mein erfolgreichstes Date.

Fassen wir also kurz zusammen, was man für ein wirklich schlechtes Date braucht: Von zentraler Bedeutung ist es, die falsche Person auszuwählen. Das kann, wie in meinem Fall, jemand sein, mit dem man eine gänzlich ungeeignete Vorgeschichte hat. Denken Sie da ruhig offen in alle Richtungen. Sehr ungeeignet ist zum Beispiel der eigene Urologe, der Ehemann der Nachbarin, die Nachbarin des Ehemanns oder der Landwirt, der Ihre gesamte Familie aus Versehen mit dem Trecker überfahren hat.

Wählen Sie zusätzlich einen sehr schlechten Ort für ein Date aus. Das kann eine Fleischerei sein, ein Klärwerk oder die Wohnung Ihrer Exfreundin. Auch mit einem Friedhof habe ich sehr schlechte Erfahrungen gemacht.

Sehr hilfreich ist auch eine wirklich unangenehme Aktivität. Warum immer Kino, essen gehen oder Kulturveranstaltungen? Gehen Sie mit Ihrem Date doch mal zum Zahnarzt!

Probieren Sie am besten auch das komplette Kapitel »Schlecht Witze machen« aus. Nichts zersägt ein Date effektiver als wirklich unpassende Witze. Außer vielleicht der Säge eines untalentierten Handwerkers. Und auch dazu gibt es weiter vorne ein Kapitel. Vielleicht lesen Sie Ihrem Date einfach ein bisschen aus diesem Buch vor. Dann sparen Sie sich auch die Mühe, sich selbst etwas zu überlegen.

29 Schlecht Kinder erziehen

Jeder, der Kinder hat, kennt das Phänomen, dass man plötzlich zur Zielscheibe für ungefragte Ratschläge wird. So kommen bei einem Spaziergang im Park plötzlich Wildfremde auf einen zugerannt und brüllen: »O mein Gott! Es sind nur 24 Grad, und zudem herrscht ein leichter Südostwind! Sie müssen Ihrem Kind unbedingt eine Mütze und einen Schal anziehen!« Gut, okay, denkt man. Ziehe ich dem Kind halt eine Wollmütze auf und einen dicken Schal an, bevor wir in den Baggersee schwimmen gehen. Der Kleine ist ja auch erst sechzehn Jahre alt. Noch besser sind die Leute, die Ihnen ganz ungefragt in der Wartehalle des Flughafens Frankfurt-Hahn Globuli mit 0,00000000000000001 Prozent Vogelkot aufdrängen wollen, damit die Kinder ihre Flugangst verlieren.

Auch zur passenden Schulform für jedes individuelle Kinderschicksal wissen einem gänzlich Unbekannte in der U-Bahn stets Interessantes zu berichten. Ich war ja lange davon ausgegangen, die passende Schulform wäre: Hausförmig mit Türen und Fenstern. Aber so einfach ist es scheinbar nicht wirklich.

Insgesamt scheint das Thema Kindererziehung superschwer zu sein. So biegen sich die Regale in den Buchhandlungen in der Mitte durch, denn die Erziehungsratgeber liegen schwer und reichlich aus. Das Internet ächzt unter der Last der Foren mit Erziehungstipps und Mamablogs.

Und natürlich gibt es rasend erfolgreiche Bücher zum Thema, zum Beispiel das Buch *Oje, ich wachse* von Hetty van de Rijt und Frans X. Plooij. Das soll bei den acht mentalen Sprüngen helfen, die in den ersten vierzehn Lebensmonaten eines Kindes so passieren. Diese Sprünge führen nämlich dazu, dass die Kinder eine ganze Weile lang schreien und schlecht drauf sind. Und bei acht Sprüngen in vierzehn Monaten ist quasi permanent Geschrei. Ich würde ja mutmaßen, dass die Kinder von Hetty und Frans so viel schreien, weil ihre Eltern dauernd Ratgeber schreiben, statt sie zu füttern. Aber gut, ist nur mal so ins Blaue geraten.

Nach den ersten vierzehn Monaten ist dann übrigens erst mal Schluss mit Sprüngen, die mentale Entwicklung vieler Menschen gilt dann als abgeschlossen. Wobei ich daran ernsthafte Zweifel habe. Mir zumindest ist bis heute zum Schreien zumute. Überall kriegt man suggeriert, dass man alles falsch macht, wenn man nicht alles genau so macht, wie es die jeweiligen selbst ernannten Experten für richtig halten. Das ist nicht nur spannend, weil sich die Ratgeber sehr häufig widersprechen und man es also zwangsläufig falsch machen muss. Während der eine davon abrät, die Kinder nach dem Baden zum Trocknen in die Mikrowelle zu legen, sieht der andere das als ultimativen Supertrick. Während der eine sich gegen Haustiere ausspricht, weil diese oft klüger seien als Kinder und so deren Selbstbewusstsein schaden könnten, empfiehlt der andere den Erwerb eines Löwen. Während der eine seine Kinder in den Waldkindergarten steckt, schickt der andere seine Kids in die Baumschule.

Es kann also schon aus logischen Gründen keinen richtigen Weg bei der Erziehung geben. Das alles ist vor allem interessant, weil es zeigt, wie tief der Versuch der gegenseitigen Bevormundung und der missionarische Eifer derer, die glauben, den rechten Weg gefunden zu haben, selbst in diese privatesten Teile des Lebens reicht. Nicht einmal wie wir mit den inneren Kreisen unserer Familie umgehen und wie wir mit unseren Kindern reden, bleibt vom Wahn der Optimierung verschont.

Unsere Antwort kann hier, wie an allen anderen Stellen, nur lauten: Nicht mit uns! Unsere Kinder kriegt ihr nicht! Macht ihr mit euren Sören-Jaques-Pipalus und euren Eleonore-Schlabberine-Bumbolums, was ihr für richtig haltet, um aus ihnen per Idealweg hochgezüchtete Übermenschen zu machen! Zaubert ihr doch aus einem schreienden Fleischbündel mit vollgesmashter Windel einen blitzblank perfekten Staatsbürger mit Föhnfrisur! Helikoptert euren Miniversionen bis ins Klassenzimmer hinterher und dinkelbrotet aus ihnen die ultimativ beste Version, die sie sein können! Aber vor allem: Haltet euer Maul! Lasst uns mit euren belämmerten Tipps in Ruhe! Wir erziehen den Nachwuchs so schlecht, wie es nur irgendwie geht!

Das sind natürlich krasse Ansagen. Lassen Sie sich davon nicht verunsichern. Natürlich stehe ich Ihnen auf Ihrem Weg zur schlechten Erziehung mit meiner Expertise zur Seite. Und im Gegensatz zu allen anderen Ratgebern kann ich Ihnen garantieren, dass Sie bei mir weder angelogen werden, noch Halbwahrheiten, Vermutungen oder Zuckerkügelchen als Ratschlag erhalten. Bei mir kriegen Sie ganz exakt das, was ich verspreche – und was Sie und Ihre Kinder verdienen: eine himmelschreiend fürchterliche Erziehung und bleibendes Unglück im engsten Familienkreis.

Beginnen Sie damit, Ihren Kindern katastrophale Namen zu geben. Ich weiß, was Sie jetzt denken: Wenige Absätze zuvor habe ich unter anderem die Namen »Sören-Jaques-Pipalu« und »Eleonore-Schlabberine-Bumbolum« genannt. Sie vermuten nun, dass es sich dabei bereits um wirklich grässliche Vornamen handelt. Vielleicht haben Sie sich von mir sogar ein Schmunzeln aus dem verhutzelten Gesichtsleder zuzeln lassen ob des wolkenkratzenden Grads der Beknacktheit dieser Namen. Doch vertrauen Sie mir, da geht noch mehr.

Mischen Sie zum Beispiel Alltagsgegenstände, Nahrungsmittel und zweifelhafte Staatsformen. »Darf ich vorstellen, das ist mein Sohn Tischwurst-Faschismus Müller.« Oder auch: »Diese Beleidigungen werde ich nicht hinnehmen, so wahr ich Lampendöner Plutokratie heiße!« Sie können natürlich auch völlig unaussprechliche Namen wählen, zum Beispiel GRRRNBRMMRBRMMM-Stefanie Schmiedman oder Affffafffaffa Bafffaffa XY1 UGUGUG. Oder moderner: »Darf ich mich vorstellen? Mein Name ist #sören #over9000 #nextlevelshit Zumbrink.« Wenn Sie es ganz grob mögen, benennen Sie Ihr Kind doch nach dem Geräusch, das Sie beim Niesen machen. Das verspricht Spaß und viel Nähe, besonders während der Erkältungssaison.

Es mag sein, dass Sie den ein oder anderen Vorschlag so von Amts wegen nicht offiziell vergeben dürfen. Aber wie Sie Ihre Kinder privat nennen, da kann man Ihnen wenig Vorschriften machen. Außerdem ist es doch Ihnen überlassen, wie Sie die Namen aussprechen: »Geschrieben wird der Name meiner Tochter Mia Großmann, aber das M, das I und das A sind stumm. Stattdessen macht man ein kurzes Zischen und Brummen und flüstert dann ehrfurchtsvoll die Worte ›Echnaton 3000‹. Dann zweimal klatschen, einmal hüpfen. Müller-Lüdenscheidt.«

Wenn Sie mit den Namen fertig sind, haben Sie Ihrem Nachwuchs auf dem Weg in ein gutes Leben schon entscheidende Hindernisse gebaut. Doch halten Sie nicht an, jetzt geht es erst richtig los. Erziehen Sie Ihr Kind von Anfang an zur Unselbstständigkeit. Das stresst nicht nur Sie selbst am meisten, es wird dem Nachwuchs auch eine aufregende Fallhöhe schaffen für den Moment, an dem er eines Tages selbst auf sich aufpassen muss. Es ist schon auch ein bisschen lustig, einen Achtzehnjährigen zu beobachten, der sich eine Zahnbürste in die Nase steckt, einfach weil er nicht weiß, wie Zähneputzen geht. Oder einen Studenten, der sich beim Versuch, Scheiblettenkäse auf ein Toastbrot zu legen, den Mittelfußknochen verstaucht.

Wenn die Kleinen doch mal was selbst leisten sollen, dann motivieren Sie sie mit wirklich ungeeigneten

Belohnungen: »Sören-Pfffff Schrankschnitzel! Wenn du jetzt sofort dein Zimmer aufräumst, dann fahren wir morgen früh um sechs Uhr zum Zahnarzt und warten drei Stunden bei minus zehn Grad vor der Tür, bis die Praxis aufmacht. Und dann gehen wir einfach wieder nach Hause! Versprochen!« Gut, okay, es mag sein, dass das ein oder andere Kind durch eine solche Ankündigung verwirrt wird und aus Versehen doch sein Zimmer aufräumt. Um das zu verhindern, können Sie statt Belohnungen auch mit der Androhung von Strafen arbeiten. Machen Sie es wie die UNO: »Wenn du nicht sofort deine Hausaufgaben machst, protestiere ich dagegen aufs Schärfste und ziehe zudem Handelssanktionen in Erwägung.«

Oder drohen Sie gleich mit dem härtesten: Der Einführung des Euros. Der ist zwar schon eingeführt, aber wenn die Kids nicht auf Sie hören wollen, führen Sie den Meta-Euro ein. Der verhält sich zum Euro, wie der Euro sich zur Mark verhalten hat. Sieht aber genauso aus. Es ist schrecklich verwirrend. Ihr Kind wird dadurch in tiefe Grübeleien verfallen und schließlich den Unwert jeder konstruktiven Handlung erkennen.

Oft liest man in diesem Genre übrigens den Satz: »Kleinen Kindern soll man Wurzeln geben und großen Kindern Flügel.« Das ist allerdings nicht, wie ich zuerst gedacht habe, ein Diättipp. Ich habe aufgrund dieses Missverständnisses meinen Kindern jahrelang ausschließlich Ingwer und Chicken Wings zu essen gegeben, bevor ich meinen Fehler bemerkte.

»Kleinen Kindern soll man Wurzeln geben und großen Kindern Flügel.« Natürlich bedeutet der Satz etwas anderes: Sie sollen im Garten ein etwa schallplattengroßes, knöcheltiefes Loch graben und die Füße Ihrer kleinen Kinder darin eingraben, damit sie Wurzeln schlagen können. Oder es zumindest versuchen, wie einst der weise Prophet Andreas Günter Strauß. Und ab dem zehnten Lebensjahr gibt es dann ausschließlich Red Bull zu trinken, damit den Kindern zusätzlich ausreichend Flügel verliehen werden.

Kleiner Geheimtipp: Drehen Sie die Vorschläge der FSK um. Schauen Sie mit Säuglingen und Kleinkindern nur Horrorfilme und mit Jugendlichen in der Hochpubertät nur Teletubbies und Kikaninchen. Das schafft Verständnis auch für Lebenssituationen, die von der eigenen weit entfernt sind. Und bereitet nebenher jeden Dreijährigen optimal auf die baldige Zombieapokalypse vor.

Und wenn Ihr Kind eines Tages erwachsen ist und Sie keinen direkten Einfluss mehr haben, seien Sie unbesorgt. Wenn Sie meine Tipps gut befolgt haben, wird der Nachwuchs auch alleine nicht klarkommen. Und falls sich doch mal ein Erfolg anbahnt, können Sie natürlich mit Ratschlägen auf Augenhöhe dabei sein und so das Nötige tun, um jedes Glück zu vermeiden.

So wird der Grundstein gelegt für eine kommende Generation, für die schon heute der Horizont keine Grenze mehr darstellt. Weil sie nämlich nicht wegkommen. Sie haben die Kids nämlich höchstpersönlich mit den Füßen im Garten eingegraben.

30 Schlecht selbstbewusst auftreten

Menschen mit mangelndem Selbstbewusstsein sind ein hervorragendes Publikum für Ratgeber. Wen könnte man wohl leichter davon überzeugen, dass er alleine ohne Ratgeber im Leben nicht klarkommt als jemanden, der ohnehin schon Selbstzweifel hegt? Nur dem Suchenden lässt sich eine Landkarte verkaufen. Für die jüngeren Leser*innen sei erklärt: Landkarten waren quasi eine ausgedruckte Version von Google Maps, die man ausklappen, aber nie wieder zusammenfalten konnte.

Nur der Unsichere braucht Rat. Wenn ich weiß, was ich zum Leben brauche (nichts!) und was ich vom Leben zu erwarten habe (noch weniger!), dann benötige ich keinen findigen Autor mehr, der mir unterjubelt, wie ich einen Raum zu betreten habe, damit alle denken, ich wäre hier der Chefboss.

Ein Buch darüber zu schreiben, wie man selbstbewusster werden kann, ist mithin etwas für Autoren, die es sich gerne einfach machen. Das ist dann manchmal schon ein bisschen lustig, wenn man es als Außenstehender betrachtet. Da gibt es Bücher wie *Endlich selbstbewusst! Das letzte Buch, das Sie zum Thema »Selbstbewusstsein« lesen werden!* von Michael Leister. Im Ankündigungstext werden explizit all die anderen Ratgeber zum Thema abgelehnt, die »auf banale Tricks und vermeintliche Anleitungen zurückgreifen«. Stattdessen bietet Leister »simple und praxisnahe Methoden«.

Kein Wunder, dass das Buch ein Bestseller wurde! Das ist schlicht genial, die Konkurrenz so bloßzustellen und die eigene Überlegenheit zu demonstrieren: Statt Anleitungen gibt es hier Methoden! Was wird Leister uns als Nächstes anbieten? Schreibt er statt Rezepten ein Buch mit Verwendungshinweisen für Zutaten? Verfasst er anstelle eines Gedichtes ein Werk in rhythmisierter Sprache, das sich reimt? Werde ich mir noch ein Beispiel zur Verdeutlichung ausdenken oder das Schema anhand eines weiteren Exempels demonstrieren? Aber nein, weit gefehlt: Nach diesem »letzten Buch«, das zum Thema Selbstbewusstsein nötig ist, brachte Leister kurz darauf ein weiteres Buch zum Thema Selbstbewusstsein raus, nämlich ein Werk mit dem Titel *Mehr Selbstbewusstsein gewinnen*. So viel zum Thema »Das letzte Buch«! Da muss man erst mal drauf kommen – und eine entsprechend beschränkte Zielgruppe haben.

Aber Leister ist natürlich nur der Einäugige unter den Zyklopen – auf dem Markt wimmelt es von Büchern zum Thema. Und sie gehen weg wie warme Semmeln, nur dass sie halt leider nicht mit Butter beschmiert, mit Käse belegt und anschließend verzehrt, sondern tatsächlich gelesen werden. Jetzt mal im Ernst, lieber Leser, liebe Leserin: Wenn Sie nicht selbstbewusst sind und nicht wissen, wie Sie in Gesellschaft zurechtkommen oder gar mit Menschen reden sollen, dann lesen Sie vielleicht auch einfach zu viele Bücher statt zu wenige!

Vielleicht sollten Sie das ganze Problem aber auch einfach mal andersherum angehen und sich fragen, ob

Ihre Schwierigkeiten im Umgang mit Menschen nicht daher rühren könnten, dass Menschen als Spezies einfach eine fundamentale Fehlkonzeption sind. Haben Sie schon einmal darüber nachgedacht, dass es unter Umständen gar nicht so wünschenswert ist, durch ein selbstbewusstes und souveränes Auftreten hoch im Kurs der Gesellschaft zu stehen? Sie wollen doch auch nicht in einem Pool voller Haifische beliebt sein oder hohe Popularität erlangen unter den Schwebeteilchen im großen Becken des Klärwerks!

Warum sich so viel Mühe geben? Für Menschen? Im Ernst? Menschen sind die Leute, die bei YouTube Videos davon hochladen, wie sie sich aus Versehen mit einem Glätteisen die Haare anzünden, es dann »Epic Fail« nennen und sich freuen, wenn das alle sehen. Diese Wesen wollen Sie beeindrucken? Dann sollten Sie vielleicht nicht durch ein markiges und überzeugendes Auftreten punkten, sondern indem Sie Ihre Kniescheibe mit einem handelsüblichen Föhn in Flammen setzen. Natürlich müssen Sie das dann auch filmen und hochladen. Also bitte lächeln, es tut nur ganz kurz weh. Dafür kennt Sie schon morgen die ganze Welt.

Das wollen Sie nicht? Nun, dann werfen Sie die Ratgeber in den Häcksler und wenden Sie sich aktiv gegen den gefühlten Zwang zum Selbstbewusstsein. Zum Beispiel, wenn Sie etwa auf einen festlichen Anlass eingeladen sind, der von Ihrem neuen Arbeitgeber ausgerichtet wird und Sie noch niemanden der neuen Kollegen so richtig kennen. Trumpfen Sie nicht auf, indem Sie alle Leute mit Ihrem magnetisierenden Wesen und spannenden und witzigen Anekdoten an sich binden! Machen Sie das Gegenteil: Stellen Sie sich in eine Ecke, halten Sie die Klappe und genießen Sie die Freigetränke. Falls jemand Sie anspricht, werden Sie einfach rot und kichern ein wenig vor sich hin wie eine debile Tomate.

Lassen Sie die Schultern hängen. Lassen Sie überhaupt alle Körperteile möglichst hängen. Denken Sie an den großen weisen Lehrmeister Mitteleuropas Otto Waalkes, der einst verkündete: »Der Hängehintern hat sich in dieser Saison auf Kniehöhe eingependelt.« Seien Sie dieser Hängehintern.

Betreten Sie jeden Raum, als sei Ihnen soeben die Luft ausgegangen. Versprühen Sie Langeweile. Weichen Sie allen Blicken aus. Verstecken Sie sich unterm Buffet und weinen Sie heimlich ein bisschen. Sie sind nichts wert. Alle wissen das.

Führen Sie sich das immer wieder vor Augen: Wenn Sie heute sterben, weiß schon morgen keiner mehr, wer Sie waren. Und andersherum ebenso: Wenn Sie schon morgen sterben, weiß nicht mal heute jemand, wer Sie eigentlich sind. Ihre Anwesenheit auf diesem Planeten ist völlig überbewertet. Auch und insbesondere von Ihnen selbst. Wer glauben Sie eigentlich, wer Sie sind? Sollte Ihre Antwort hierauf etwas anderes sein als: »Schmutz!«, dann liegen Sie grob daneben. Mal im Ernst: Mit stolzgeschwellter Brust durchs Leben zu stolzieren, das ist doch was für Hühner und eventuell noch Wladimir Putin.

Also, reißen Sie sich am Riemen – Sie sind doch kein autokratisches Geflügel! Sie können nichts, Sie sind nichts, Sie sind ganz unten im Sozialgefüge, also halten Sie mal schön den Ball flach, besonders wenn andere dabei sind. Außer Sie bleiben im Aufzug stecken mit Michael Leister. Dann sind Sie das Alphatier und können auftrumpfen wie ein Weißkopfseeadler im Hühnerstall.

31 Schlecht Tiere halten

Wenn Sie jetzt denken: Was hat denn das Kapitel über Tierhaltung im Abschnitt über Zwischenmenschliches verloren, dann sind Sie schon in der richtigen Geisteshaltung für dieses Kapitel. Im Prinzip kann man grob zusammenfassend sagen, dass sich ohnehin nur Leute, die nicht mit anderen Menschen klarkommen, Haustiere zulegen. Ansonsten hätten Sie stattdessen Familien wie alle normalen Menschen.

Entschuldigen Sie bitte, den vorigen Absatz habe ich nur geschrieben, damit ich auch mal Post von Tierschützern und crazy Katzenomas erhalte. »Was?«, mögen Sie jetzt rufen, »aber jetzt hast du das doch aufgelöst, lieber Sebastian! Da wissen ja alle, dass es sich nur um eine kleine Provokation handelt und du es gar nicht ernst gemeint hast.«

Erst mal freue ich mich, dass Sie beim Lesen meines Buches einfach Sachen in den Raum rufen, als könnte ich Sie hören. Das gibt mir das gute Gefühl, nicht der Einzige zu sein, der hier intellektuell gesehen Mürbeteig im Waffeleisen hat. Darüber hinaus lassen Sie sich versichert sein, dass die wütenden Tierhalter sofort nach dem betreffenden Absatz oben das Buch in die Ecke gepfeffert haben und bereits jetzt halb fertig mit ihrer Hassmail sind. Die hacken noch bis zum nächsten Sonnenuntergang auf ihre Tastatur ein, während im Hintergrund ihr Erdmännchen verwelkt.

Mal im Ernst: Die Haltung von Tieren zeigt eine wirklich skurrile Seite des Menschen. Seit einigen Jahrtausenden begleiten uns Tiere, die wir munter domestizieren und durch Zucht in die Richtung biegen, in der wir sie gerne sehen wollen. Schauen Sie sich doch mal einen Mops an oder einen Chihuahua. Das sind Hunde. Das bedeutet, wir Menschen haben diese Tiere durch Zucht aus Wölfen gemacht. Halten Sie den Mops neben den Wolf! MOPSWOLF! Was soll das?

Oder nehmen Sie Hühner. Kein Witz: Das sind die nächsten noch lebenden Verwandten des Tyrannosaurus Rex. Was ist aus denen geworden? Na gut, okay, das ist jetzt nicht der Mensch alleine gewesen. Auch wenn die Vorstellung, dass ein Steinzeitkeulenmensch einen Tyrannosaurus auffordert, ein Frühstücksei zu legen, schon etwas Possierliches hat.

Und denken Sie nicht, das sei ja jetzt völlig bizarr. Menschen halten sich die verrücktesten Haustiere: Giftschlangen, Spinnen, Stachelrochen, Katzen. Da sind offenbar weder Einfallsreichtum noch Sadismus knapp bemessen. Noch weniger innere Grenzen haben natürlich die Verfasser von Ratgebern, Blogs und Magazinen. Ja, Sie haben richtig gelesen: Magazine. Es gibt nicht nur die klassischen Hefte *Mein Haustier* oder *Ein Herz für Tiere*, sondern etwa auch *City Dog. Das Magazin für Deutschlands Hundemetropolen*. Da muss man natürlich tierisch aufpassen, nichts falsch zu machen. Wenn Sie etwa die Tipps aus *City Dog* aus Versehen auf einen Landhund anwenden, wird dieser mit hoher Wahrscheinlichkeit sofort explodieren.

Auf dem Büchermarkt und im Internet geht es noch deutlich bunter zu. Da gibt es Regale voller Werke zur Frage, welches Haustier zu welchem Kind passt. Man kennt ja diese Gespräche:

»Klar, der Lucas ist ein klassisches Meerschweinchenkind.«

»Also, die kleine Charlotte mag ja lieber Hundewelpen.«

»Bei unserem Sohn Hinnerk hilft nur noch ein Weißer Hai.«

Man kommt wirklich aus dem Staunen kaum raus. Es gibt Bücher über Erste Hilfe bei Tieren, mit einem Dackel samt Kopfbandage auf der Titelseite. Es gibt Bücher über die Haltung von Seidenhühnern. Es gibt das Buch *Freizeitspaß mit Lamas und Alpakas*. Da denke ich als ganz normaler Erwachsener doch: Was soll ich mir von einem Ratgeber reinreden lassen, wie ich mit einem Lama Freizeitspaß habe? Das kann ich ja wohl immer noch selbst entscheiden. Ich rasiere dem Lama einen Irokesenscheitel, ziehe ihm eine Sonnenbrille auf und setze es auf den Beifahrersitz meines Cabrios. Dann cruisen wir erst mal schön durch die Stadt und flirten an roten Ampeln mit ein paar haarigen Truckern. Da lasse ich mich doch von einem Ratgeber nicht von abhalten! Wer bin ich denn? Richtig: Ich bin Sebastian und das ist mein Lama Dalai.

Gestaunt habe ich auch über *Mein Haustier spiegelt mich* von Christa Kössner. Im Infotext zum Buch heißt es, dass Tiere nicht nur unsere Zuneigung wiedergeben. Sie agieren auch unsere »negativen Gedanken, Überzeugungen und Glaubenssätze aus«. Wer kennt das nicht: Man kommt nach Hause, da sitzt der Beagle auf der Couch und agiert unseren Glaubenssatz von der zerstörerischen und schöpfenden Kraft Shivas aus. Und wie der das ausagiert: Der Beagle hat plötzlich acht Arme und tanzt bis zum Weltuntergang, aber dieser wird niemals kommen, denn Shiva hört niemals auf zu tanzen. Ganz normaler Freitagnachmittag im Hause Christa Kössner.

Falls Ihnen das zu abgedreht ist, versuchen Sie es doch mal mit dem Buch *Ratten. So fühlen sich die Kletterkünstler rundum wohl.* Da lernen Sie nicht nur, wie man sich Ratten hält, sondern schon im Titel einen schönen neuen Euphemismus für »Ratte«: »Ich würde nicht empfehlen, in diesem Restaurant zu speisen. Ich habe gehört, durch die offene Lagerung von Speiseresten im Innenhof ist dort alles voller Kletterkünstler.«

* * *

Wie Sie sehen, entkommen Sie auch im Umgang mit Haustieren auf keinen Fall dem Ratgeber- und Optimierungswahn unserer Zeit. Natürlich gilt es folglich auch hier, das Minimum aus Ihren Möglichkeiten rauszuholen, um sich von diesem Unfug zu befreien.

Pessimieren Sie Ihr Leben als Haustierhalter. Die einfachste Methode ist die »Switch Pet«-Technik, die führende Wissenschaftler aus dem Bochumer Tierschnickschnack-Institut entwickelt haben. Bei der »Switch Pet«-Technik tauscht man nicht seine Haustiere untereinander aus, sondern hält ein Tier exakt so, wie man eigentlich ein anderes Tier halten sollte.

Schauen Sie einmal, was passiert, wenn Sie Ihren Dobermann so halten, wie man es eigentlich nur mit einer Siamesischen Katze machen würde: Servieren Sie ihm dosenweise Fisch und gehen Sie nicht Gassi, sondern setzen Sie ihn auf ein Katzenklo. Das führt schon nach kurzer Zeit zu ganz prickelnden Ergebnissen.

Halten Sie Ihr Kaninchen wie eine Schlange! Oder Ihren Goldhamster wie einen Goldfisch! Oder nehmen Sie Ihre Katze und setzen Sie sie täglich einer Dosis satirischer Literatur aus. Da kommen die gar nicht drauf klar. Haben Sie schon mal eine Katze mit einem gesunden Verständnis für Ironie gesehen? Die sind alle komplett humorlos, und wenn jemand sagt, dass Katzen im Gegensatz zu Hunden wenigstens eine eigenständige Persönlichkeit hätten, dann meint derjenige: »Dein Hund ist superdumm und macht nur, was du sagst. Meine Katze ist viel besser: Sie zerkratzt mir das Gesicht, kackt aufs Sofa und schleppt mir tote Kletterkünstler in die Wohnung.«

Das klingt hart, aber keine Sorge. Die Katze kann das eh nicht lesen. Denn die hat spätestens nach dem Absatz über Humorlosigkeit das Buch in die Ecke gepfeffert und ist bereits jetzt halb fertig mit ihrer Hassmail.

32 Schlecht romantisch sein

Die meisten Menschen haben mittlere bis größere Schwierigkeiten damit, alleine zu sein. Selbst Freundschaften reichen vielen nicht, um diese gefühlte Einsamkeit zu überwinden. Es gibt angeblich sogar Leute, die haben viele Freundschaften, einen tollen Job mit interessanten Kollegen, die gewünschte Menge wechselnder Sexualpartner und jeden Tag eine feine Scheibe Vollkorntoast mit Fleischsalat – und die sind trotzdem nicht zufrieden.

Nein, die feinen Herrschaften hätten gerne mehr. Eine romantische Beziehung soll es sein. Womöglich sogar irgendwas mit Liebe. Aber klar, denkt der neutrale Betrachter da. Das ganze Glück nervt ja auch wirklich auf Dauer. Es soll lieber Liebe sein. Nur wie ist derlei Zauberei hinzukriegen?

Natürlich gibt es Hunderte Ratgeber zu dem Thema. Ist doch auch klar, wenn man mal einen Blick auf die Menschheitsgeschichte wirft. Da ist nicht viel mit Liebe und Romantik zu finden. Mehr so Hass, Gewalt, Vernichtung und Hass. Und absolut unnötige Wiederholungen. Die nerven historisch gesehen fast am meisten. Und das geht schon seit Jahrtausenden so.

Die romantische Liebe ist hingegen angeblich eine Erfindung der jüngeren Geschichte. Tatsächlich war das Konzept der Heirat aus Liebe und romantischer Partnerschaften in kaum einer Gesellschaft der Menschheitsgeschichte vorgesehen. Da wurde schlicht aus anderen Motiven geheiratet und sich vermehrt, zum Beispiel zur taktischen Verbesserung der eigenen Position in der Gesellschaft oder aus Fickbock. Das will nicht bedeuten, dass Menschen sich nicht schon vorher ineinander verliebt hätten, als wären sie von einem wundersamen Virus befallen, der sie unkontrolliert aufeinander zusteuern ließ. Davon zeugen die Werke sehnsüchtiger Künstlerseelen seit Anbeginn der Zeit. Aber dass wir was daraus machen, ist halt neu.

Früher reichte auch hierzulande die elterliche Anweisung und ein Mindestmaß an Sympathie für eine lebenslange Partnerschaft mit einem Dutzend Kinder und den Insignien der Ehe: milde genervter Gesichtsausdruck und identische Jack-Wolfskin-Jacken. Das reicht den Kids seit etwa 1800 aber nicht mehr. Da kam die Romantik auf. Das ging in etwa wie folgt. Casper David Friedrich hat einen Wanderer gemalt, der nachdenklich ins Nebelmeer glubscht. Und plötzlich haben dann alle voll viele Gefühle gekriegt, als wäre Weihnachten und Ostern und Geburtstag auf einmal. Aber nicht im Kalender, sondern im Herz.

In der Folge reichte Zweckmäßigkeit nicht mehr als Basis für Beziehungen. Auf die gemeinsam gekaufte identische Jack-Wolfskin-Jacke wurde natürlich trotzdem nicht verzichtet. Die trug schließlich auch schon der Wanderer im Nebelmeer.

Im Bereich der Romantik gibt es neben den üblichen Ratgebern eine faszinierende Vielfalt an Gutscheinheften. Die sind wie Ratgeber, nur dass man die Tipps direkt per Einlösung des Gutscheins in die Tat umsetzen soll. Nehmen Sie zum Beispiel das Heftchen *Zeit zu zweit – 12 Gutscheine für meinen Schatz* von Joachim Groh. Mein absoluter Favorit ist der darin enthaltene »Gutschein für ein kleines Abenteuer«. Wahre Geschichte: Dieser Gutschein lädt dazu ein, einfach mal gemeinsam an einer fremden S-Bahn-Haltestelle auszusteigen und somit den Alltag zu verlassen, um mal wieder Zeit für sich zu haben. Welch schöne Idee, Ihrer Partnerin zum Geburtstag einen Gutschein dafür zu schenken, einfach mal an der S-Bahn-Haltestelle Dortmund-Dorstfeld-Süd auszusteigen und dort ein bisschen Zeit füreinander zu haben! Vielleicht holen Sie dazu sogar noch eine kleine Pommes vom Kiosk – und weil Sie ja ein Gentleman sind, sogar mit Mayo *und* Ketchup. Die flippt aus vor Freude, die Alte! Beleben Sie Ihre Liebe neu durch Quality Time in Dorstfeld-Süd!

Mein Favorit aus dem breiten Sortiment an romantischen Gutscheinheften ist jedoch das bei einem bekannten Online-Großhändler erhältliche *Romantik Coupons Fur Paare Sex* (sic!) von J. L. Silver. Für den faszinierenden Preis von 12,73 Euro erhält man dieses Taschenbuch, das gefüllt ist mit tollen Ideen. Auf der Rückseite des Werkes schreibt Silver wörtlich: »Bringen Sex und Leidenschaft in Ihr Sexualleben mit 24 Coupons. Romantik und Leidenschaft, die zu bringen, um in Ihrem Leben, die für die letzten Monate wird Spice wird. Wärme Dinge im Schlafzimmer.«

Daran ist so viel Schönes. Allein der Umstand, dass derselbe Spam-Roboter, der uns sonst immer nur schreibt, wenn ein nubischer Prinz uns eine Million vererben will, uns jetzt auch noch im Schlafzimmer Ratschläge gibt, bringt meinen Tag zum Leuchten. Dabei kann man J. L. Silver kaum widersprechen – was will man mehr, als Sex in sein Sexualleben zu bringen? Gut, okay, man könnte auch eine Fritteuse in sein Frittierleben bringen oder Leinwand, Pinsel und Farbe in sein Malerleben. Aber Sex im Sexualleben, das sorgt doch erst dafür, dass die letzten Monate wird Spice wird!

Zusammenfassend lässt sich im Sinne Silvers sagen, dass Sie unbedingt Dinge in Ihrem Schlafzimmer wärmen sollten. Nicht nur zwischen sich und Ihrem Partner, sondern auch die Chicken Nuggets von gestern Mittag. Die schmecken kalt doch kaum noch. Was fragen Sie? Wie Sie die aufwärmen sollen im Schlafzimmer? Nun, bringen Sie doch einfach eine Fritteuse in Ihr Frittierleben.

Wenn man die Gutscheinhefte beiseitelegt und sich erneut den Ratgebern zuwendet, eröffnen sich noch mal ganz neue Welten. Da gibt es das Buch *Erste Hilfe für Verliebte* von Anne West, von dem versprochen wird, dass es zu »rauschender Romantik« führen kann. Das ist doch eine schöne Vorstellung, dass die Romantik endlich das macht, was sonst nur Milchaufschäumer und Radios im Niemandsland zwischen zwei Sendern schaffen: rauschen.

»Schatz, die Waltraud kriegt von ihrem Mann immer Blumen und Pralinen mitgebracht! Sei du doch auch romantisch!«

»WWWWJJJJJJJJSCHSCHSCHSCHSCHSCHSCHSCHSCH!«

»O ja, Baby, gib mir mehr!«

Apropos mehr: *Die Königin im eigenen Reich: Die sieben Schlüssel zu einem Energiefeld erfüllter Liebe* von Susanne Hühn geht noch ein bisschen mehr ab. Bei ihr lernt man Kontakt zu seiner inneren Königin herzustellen. Bevor ich das gelesen habe, war mir nicht mal klar, dass ich eine Königin in mir trage. Wie ist die denn da schon wieder reingeraten? War die womöglich zwischen den Pommes vom Kiosk in Dorstfeld-Süd? Man weiß ja nie, was die so frittieren, wenn der Tag lang ist. Im Prinzip sind das aber natürlich schöne Nachrichten mit der inneren Königin. Bisher hatte ich in meinem Inneren höchstens einen halb garen Hofnarren vermutet. Klar, dass das mit dem Energiefeld der Liebe bei mir noch nicht so richtig geklappt hat.

Es gibt natürlich nicht nur Damen, sondern auch Herren, die Romantikratgeber verfassen, zum Beispiel Siegbert Scheuermann. Von ihm stammt das Buch *Das Liebesglück finden und bewahren.* Ansonsten hat er diverse Bücher zum Thema »Trottelfallen« veröffentlicht. Da kennt sich jemand im Thema aus.

Das sind nur drei Beispiele aus der Sturmflut der Leidenschaft, die in Form von Ratgebern über uns hereinbricht. Man sagt uns auf so viele verschiedene Weisen, wie wir miteinander umzugehen haben, dass wir nur noch mit den Ohren schlackern können. Die einen empfehlen uns dabei, möglichst viel Rücksicht auf den Partner zu nehmen, die anderen raten dazu, möglichst die eigenen Interessen in den Mittelpunkt zu stellen und auf diesem Weg eine starke Beziehung zu führen. Die einen sehen die Liebe als einen Vorgang mit sieben Phasen an, für andere ist sie eine Einheit, die alles Leben zusammenhält. Die einen wollen in Ruhe einen passenden Partner finden, die anderen wollen sich per Tinder in die Trottelfalle wischen. Die einen wollen rauschen, die anderen wollen frittieren.

Nachdem ich mich ausführlich auf dem Ratgebermarkt umgesehen habe, will ich hingegen eigentlich nur, dass sie alle die Klappe halten. Oder wenigstens nur noch ganz leise rauschen. Mehr so für sich, privat.

* * *

Wenn wir von dieser Welle von Tipps und Anleitungen nicht überschwemmt werden wollen, um schließlich in den widersprüchlichen Ratschlägen gänzlich unterzugehen und uns selbst Herz und Hirn zu frittieren, dann müssen wir aktiv werden. Wir müssen auch in der Liebe den Befreiungsschlag wagen und unseren eigenen Weg klar definieren: Lassen Sie uns die schlechteste Beziehung führen, zu der wir nur irgendwie imstande sind.

Werfen Sie als Erstes die gemeinsamen Jack-Wolfskin-Jacken weg. Ich weiß, Sie und Ihr Partner lieben diese Jacken, und es ist quasi Ihr Ehering als Gewand. Aber Sie müssen sich von diesen konventionellen Symbolen der Leidenschaft lösen. Wenn Sie das nicht so einfach ersatzlos hinkriegen, dann tragen Sie doch als Methadon stattdessen beide die gleichen Schuhe – in derselben Schuhgröße. Das hilft beim Abgewöhnen und sieht außerdem toll aus, wenn Sie nebeneinander in hochhackigen Pumps durch die Stadt stolzieren.

Statt eines romantischen Abendessens in einem italienischen Restaurant schubsen Sie Ihr Herzblatt doch einfach mal die Kellertreppe runter. Das kommt völlig unerwartet und führt zudem indirekt zu langen Wartezeiten in der Notaufnahme des örtlichen Krankenhauses. Und das ist exakt der Ort, der unter Flirtexperten als das ultimative Ziel eines wirklich misslungenen romantischen Abends gilt.

Trauen Sie sich bei der Suche nach einem unromantischen Highlight in Ihrem Leben ruhig mal den sprichwörtlichen Griff ins Klo. Oder, wenn Sie sogar eher auf der Suche nach einem unromantischen Lowlight sind, dann greifen Sie wortwörtlich ins Klo. Zitieren Sie dabei Passagen aus Schillers *Der Taucher*, um dem Vorgang einen literaturhistorischen Kontext zu geben. Ansonsten wirkt es schnell willkürlich, wenn Sie an Ihrem Partner vorbei zur Schüssel hechten und zu angeln beginnen wie das leibhaftige Mariedl bei Schwab.

Gehen Sie doch einfach mal alles ganz anders an: Essen Sie eine Kerze und zünden Sie eine Pizza an! Spielen Sie Slayer zum Kuscheln! Flüstern Sie Ihrer Partnerin ins Ohr, dass Sie ihr etwas gestehen müssen, und wenn sie dann ganz aufmerksam lauscht, pupsen Sie ungehemmt die neunte Symphonie von Beethoven! Ein Klassiker!

Natürlich können Sie auch jederzeit einen der Vorschläge aus den obigen Ratgebern nehmen und einfach umkehren. Statt vor Romantik zu rauschen, können Sie ja einfach mal vor Geilheit blubbern oder vor intellektueller Überlegenheit zischen. Oder machen Sie doch mal einen ganz eigenen Gutschein, der derartig unromantisch ist, dass Ihr Partner Sie mit Missgunst überhäufen wird: »Gutschein für ein großes Abenteuer: Hiermit lade ich dich ein, mit mir zur selben S-Bahn-Haltestelle wie immer zu fahren und dort eine Weile lang im Nieselregen zu stehen, ohne miteinander zu reden.«

Oder nehmen Sie doch einfach mal die Temperatur aus Ihrem heißen Lifestyle und kühlen Sie die Dinge in Ihrem Schlafzimmer ab. Zünden Sie ein paar Kerzen an, tragen Sie ein Negligé aus schwarzer Spitze (auch und insbesondere, wenn Sie ein heteronormativer Horst sind) und platzieren Sie Ihren Partner im Bett. Murmeln Sie etwas Mysteriöses, vielleicht die Bauanleitung für ein Modellflugzeug der Marke Cessna. Und wenn dann der Gipfel der Verwirrung fast schon erreicht scheint, zerren Sie mit dem Kampfruf »Aufbau Frost!« einen Gefrierschrank ins Schlafzimmer und beginnen Sie, wahllos Dinge zu kühlen: Fischstäbchen, Socken, kleinere Nagetiere oder auch Gutscheinhefte.

»Was machst du denn da? Komm doch lieber zu mir ins Bett, Hans-Gert!«

»Ich kann nicht, ich muss Dinge kühlen!«

Glauben Sie mir, das wird nachhaltig den Sex aus Ihrem Sexualleben vertreiben. *Hundert Jahre Einsamkeit* – das ist nicht nur ein Romantitel von Gabriel García

Márquez, sondern durchaus ein Ziel, das Sie noch heute erreichen können. Gut, Ihren Partner werden Sie auf dem Weg los. Andererseits sparen Sie so jede Menge Heiz- und Wasserkosten. Zudem muss man ja ehrlich sagen: Man kann auch alleine sehr gut unromantisch sein. Und wenn es Ihnen zu kühl im Schlafzimmer wird, ziehen Sie einfach Ihre beiden Jack-Wolfskin-Jacken übereinander an.

33 Schlecht selbstverteidigen

»Je mehr eine Nation sich vom Nachbarn bedroht fühlt, desto mehr wird sie sich zur Verteidigung rüsten, und desto mehr wird die Nachbarnation ihre eigene Aufrüstung für das Gebot der Stunde halten.« Das hat Paul Watzlawick einst geschrieben. Als ich das las, habe ich mir sofort ein Sturmgewehr gekauft, es aber meinem Nachbarn nicht gezeigt. Seitdem sitze ich im Keller und höre »99 Luftballons« von Nena. Aus Sicherheitsgründen bin ich dabei allein, auch wenn ich so gut wie sicher davon ausgehe, dass es sehr viele Menschen gibt, die gerne mal mit mir und meinem Sturmgewehr in meinem Keller einen Hit der Neuen Deutschen Welle in Schleife hören möchten.

Die Welt ist ein gefährlicher Ort, nicht nur für Open-Air-Zuckerwattehändler in der Monsunsaison. Die größte Gefahr stellt dabei ein Tier dar, das durch seine Aggressivität weite Teile der anderen Tierarten auf dem Planeten ausgerottet hat und nun munter an den Stellschrauben dreht, um sich auch noch selbst zu entfernen: der Mensch. Und dem Menschen kann man quasi überall begegnen: Er treibt sich in den Städten rum, aber auch viele Dörfer sind mittlerweile von Menschen bewohnt, teils sogar in Mecklenburg-Vorpommern.

Der Mensch fährt mit Schiffen auf dem Meer herum, reist mit Karawanen durch die Wüsten, fliegt in der Schwerelosigkeit des Alls umher oder rutscht auf zwei schmalen Brettern stehend verschneite Hänge hinab durch bunte Törchen. Kurz: Den Menschen ist alles zuzutrauen. Und das vor allem überall.

Bei all dem ist permanent damit zu rechnen, dass die Menschen unerwartet und aus scheinbar nichtigen Anlässen wütend werden und plötzlich andere Menschen angreifen. Da reicht schon ein falsch verstandener Blick, eine gemeinsame Vorliebe für eine attraktive Person, ein andersfarbiges Einstecktuch oder eine unterschiedliche Meinung darüber, welches Haarpflegeprodukt ein Prophet vor Jahrtausenden eigentlich bevorzugt haben könnte. Zack! Gewalt! Krieg! Nukleare Apokalypse, optional mit Zombies und Einhörnern!

Über die Sache mit den Zombies und Einhörnern müssen Sie sich hoffentlich zeitnah keine Gedanken machen. Aber das Szenario, dass Sie persönlich angegriffen werden könnten oder dass man Sie schlicht und einfach körperlich bedroht oder ausrauben will, müssen Sie leider schon in Erwägung ziehen. Wie gesagt: Eine Verteidigung gegen Tiere ist hierzulande kaum notwendig, die meisten Eichhörnchen und Kaninchen gelten als friedliebend und greifen nur bei großem Hunger Menschen an. Dann jedoch treten die Eichhörnchen in so großen Rudeln auf, dass an eine Gegenwehr sowieso nicht mehr zu denken ist. Die kleinen pelzigen Nager agieren schneller und brutaler als Piranhas und knabbern einen Erwachsenen innerhalb von weniger als fünf Sekunden komplett weg.

Auch nicht notwendig ist eine Verteidigung gegen Pflanzen, da diese keinerlei Aggressionspotenzial aufweisen. Ausgenommen davon ist natürlich Grünkohl, der uns jedoch durch seinen Geschmack ausreichend warnt.

Einen realen und validen Grund zur Selbstverteidigung liefert uns somit nur der Mensch. Während es nachweislich in den allermeisten Fällen die beste Methode zur Selbstverteidigung ist, durch Ablenkung zu deeskalieren oder schlicht und einfach abzuhauen, gibt es diese Option leider nicht immer. Dann schlägt die Stunde der körperlichen Auseinandersetzung.

Wie diese anzugehen ist, da sind sehr, sehr viele Ideen im Umlauf. Es gibt heutzutage eine unübersichtliche Menge an Kampfsportarten: Karate, Kung-Fu, Jiu-Jitsu, Taekwondo, Wing Tsun, Judo, Aikido, Surströmming, Thaiboxen, Foxtrott, Smellum Maximum, Wushu oder Krav Maga. Gut, zugegeben, da habe ich jetzt teilweise ein Fischgericht und einen Tanz untergeschmuggelt, um die Liste eindrucksvoller erscheinen zu lassen. Aber gerade das ist eine Technik, mit der Sie einen Gegner in der direkten Auseinandersetzung in die Schranken weisen können: indem Sie ihm Fischgerichte unterschmuggeln.

Bei genauerem Hinsehen ist den Fuchsigeren unter Ihnen vielleicht auch noch aufgefallen, dass eine sehr unbekannte Methode in der Liste aufgeführt ist: das von mir selbst entwickelte Smellum Maximum, eine Selbstverteidigungsart, die auf extremem Eigengeruch basiert. Leitsatz hierbei ist: Wer sich übergibt, kann nicht angreifen. Tipp: Maximieren Sie Ihren Eigengeruch, indem Sie sich selbst ein Fischgericht unterschmuggeln.

Neben den Techniken zur Selbstverteidigung gibt es auch technische Lösungen. So hat ein Hersteller in den USA einen Aufsatz für das iPhone entwickelt, durch den sich das Smartphone in einen Taser umwandeln lässt. Was für eine schöne Idee: Verwandeln Sie Ihr Handy in einen Elektroschocker. Dabei führt er als Argument ins Feld, dass man im Falle eines Konflikts lange in der Handtasche nach dem ansonsten nie benötigten Pfefferspray sucht. Wo man hingegen sein Handy hat, weiß man zu jedem Zeitpunkt.

Gut, okay, es gibt natürlich Leute, die auch nach ihrem Smartphone erst mal eine halbe Woche in der Handtasche suchen müssten und zwischendrin ein paar Dutzend Kosmetikartikel, Schlüssel, Zeitschriften, einen polnischen Panzer und einige sehr freundliche japanische Touristen finden würden. Aber wenn der Angreifer nicht so lange warten mag, bis Sie Ihren Handy-Taser gefunden haben und stattdessen nach Hause geht, hat sich das Problem auch erledigt. Zudem ist so eine Erfindung echt hilfreich, wenn man seinem Gegenüber auf seinem Smartphone Kinderbilder zeigt und dieser nicht wie gewünscht auf das putzige Gesicht des Nachwuchses reagiert.

»Ach, euer kleiner Sohn sieht ja wirklich originell aus. Ist das sein Gesicht?«

Zack, wegtasern!

Mit dem gleichen Argument versuche ich ja seit Jahren, meine eigene Selbstverteidigungsapparatur unters Volk zu bringen. Ich gehe sogar noch weiter und sage, dass man im Stress ja auch vergessen könnte, wo das Handy ist – aber eben niemals, wo sich der eigene Kopf befindet. Also habe ich eine kugelförmige Vor-richtung entworfen, die man als eine Art Helm tragen kann und die den eigenen Kopf mit einem ultrastar-ken Laser ausstattet. Man verwandelt seinen Schädel in einen kleinen Todesstern. Das hilft nicht nur gegen Angreifer, sondern sieht auch noch beeindruckend aus.

* * *

Abgesehen von den klassischen Kampfsportarten und den technischen Lösungen gibt es eine wachsende An-zahl von Ratgebern, Videos und Kursen, in denen uns erklärt werden soll, wie wir uns in einer körperlichen Auseinandersetzung selbst verteidigen können. Gera-de die hohe Anzahl der Bücher zur Selbstverteidigung hat mich ehrlich gesagt überrascht. Auch und insbe-sondere, weil keines dieser Bücher mit Stahlstreben verstärkt ist oder ein ausklappbares Messer im Ein-band hat. *Wehr dich!* oder *Selbstverteidigung im Straßen-kampf* heißen die Titel.

Gerne wird es auch spezieller: *Agententricks, die Ihr Leben retten können: Ein CIA-Insider verrät, wie Sie sich selbst und Ihre Familie schützen* von Jason Hanson oder *Wie Navy SEALS dem Tod entrinnen: Die 100 wichtigsten Strategien der Eliteeinheit* von Clint Emerson. Wer träumt nicht davon, alle Tricks eines Geheimagenten zu beherrschen, wie ein echter Navy SEAL dem Tod zu entrinnen oder wenigstens einen coolen Namen wie Jason Hanson oder Clint Emerson zu haben?

Aus der breiten Masse der Bücher stach für mich auch noch hervor: *Selbstverteidigung mit Alltagsgegenständen: Band 2: Flüssigkeiten, Gase, harte und flexible Gegenstände plus Infos zu: Pfefferspray, Gaspistole, Elektroschocker*, auch wenn der Autor den denkbar durchschnittlichen Namen Norbert Stolberg trägt. Aber das Buch schien mir super zu sein. Allein schon, dass auf dem Einband zu sehen ist, wie eine Frau mit einem Klappstuhl einen Angreifer mit einem Besenstiel abwehrt, hat mich schwer beeindruckt. Häufig kommt es vor, dass man in einer Abstellkammer von einer aggressiven Hexe attackiert wird. Mir passieren derlei Dinge bis zu achtmal täglich.

Des Weiteren überzeugt mich besonders die Vorstellung einer Selbstverteidigung mit flexiblen Gegenständen: Ich sehe mich des Nachts in einer dunklen Seitengasse in einem übel beleumundeten Stadtteil Berlins, wo ich unter einer rostigen flackernden Laterne von einer Straßengang überfallen werde und mich dann mit einer Poolnudel zur Wehr setze. Gerne male ich mir zudem aus, wie ich einen angreifenden Betrunkenen vor einem Nachtclub mit einer Portion Zuckerwatte abwehre und dabei hoffe, dass der Monsun nicht genau in diesem Moment einsetzt.

Ich könnte stundenlang weitere Beispiele aufzählen, aber dabei verliert man womöglich eine Sache aus dem Fokus: Selbstverteidigung kann unter Umständen überlebenswichtig sein, und in einen so zentralen Aspekt unseres Lebens sollten wir uns auf keinen Fall von uns gänzlich unbekannten Ratgebern reinreden lassen. Es ist doch auch so: Wenn Ihnen jemand sagt, wo genau Sie Ihre Geldbörse aufbewahren sollen, werden Sie schnell misstrauisch. Wenn Ihnen jemand sagt, wie Sie sich gegen Angriffe wehren sollen, sollten Sie also mindestens genauso misstrauisch sein. Der Verfasser Ihres Ratgebers weiß ja in Zukunft genau, was Sie machen werden, wenn er Sie überfällt. Hier gilt es also nicht nur, Ihrer Ablehnung gegenüber der Optimierungskultur Ausdruck zu verleihen, hier geht es ganz konkret um Ihre Sicherheit.

Verteidigen Sie sich so schlecht wie möglich, verteidigen Sie sich so gut wie möglich. Treiben Sie den Angreifer allein schon durch Ihre überragende Beherrschung der Logik in die psychische Zerrüttung. Falls jedoch keine Zeit ist, Logik anzuwenden, Sie keinen Laserkopf zur Hand haben und Smellum Maximum leider ausfallen muss, weil Sie aus Versehen geduscht haben, ist das noch kein Grund zur Verzweiflung. Handeln Sie stets anders als erwartet. Schreien Sie nicht um Hilfe, sondern lassen Sie sich einfach zu Boden fallen, werfen Sie mit Geldscheinen um sich und sagen Sie dabei leise und besonnen: »Ich bin ein leichtes Opfer! Nehmen Sie mir alles weg und bitte hauen Sie mir auch noch ordentlich auf die Mappe!«

Generell sollten Sie insbesondere bei jedem nächtlichen Spaziergang in der Stadt aus allen Taschen Geldscheine hervorschauen lassen. Lassen Sie ruhig gelegentlich auch mal einige Geldscheine fallen, dann lässt sich Ihre Spur leichter verfolgen. Falls Sie überfallen werden und Ihr Handy keinen Taser-Aufsatz hat, können Sie das simulieren, indem Sie das Smartphone dabei mehrmals gegen den Angreifer halten und dabei selbst sehr laut zischen und brummen. »Entschuldigen Sie bitte, aber ich spiele gerade, dass das Handy einen Taser-Aufsatz hat. Wenn es Ihnen nichts ausmacht, wäre es wirklich sehr höflich, wenn Sie mitspielen würden und sich einfach schreiend zu Boden werfen.« Denken Sie daran: Rollenspiele können Ihren Alltag aufpeppen, wenn sich beide Partner einig sind.

Zu Beginn eines Kampfes können Sie auch mittlere bis schwere Waffen ziehen und diese dann in hohem Bogen von sich wegwerfen. Niemand legt sich mit einer Person an, die es offensichtlich nicht mal nötig hat, ein Sturmgewehr einzusetzen, um sich zu verteidigen. Sie können es alternativ auch mal mit Foxtrott versuchen. Wenn sich Ihr Gegenüber prügeln will, tanzen Sie! Schwingen Sie nicht die Fäuste, sondern das Tanzbein!

Das alles sind fürchterlich schlechte Ideen zur Selbstverteidigung, aber sie sind allemal effektiver als die Tipps und Tricks aus all den Ratgebern, denn sie sind völlig unvorhersehbar. Außer Sie werden von mir angegriffen, dann haben Sie ein echtes Problem. Wenn ich Sie angreife, sollten Sie nicht zögern und mich mit einer klassischen Selbstverteidigungsstrategie attackieren. Besonders empfehlen möchte ich da die Poolnudel.

34 Schlecht Sex haben

Seit wir das goldene Zeitalter der Zellteilung verlassen haben und durch das dunkle Tal der Fortpflanzung durch Geschlechtsverkehr wandeln, haben sich unsere Probleme deutlich vermehrt. Ironischerweise brauchen Probleme keinerlei biologischen Mechanismus, um sich zu vermehren. Die kleinen Biester schaffen das einfach so auf metaphysischer Ebene. Ein Grund mehr, sich über diesen Vorgang zu ärgern.

Um den Fortbestand der Menschheit zu sichern, sind wir nun also vonseiten der Biologie genötigt, gewisse Körperteile relativ nah an andere Körperteile wildfremder Menschen heranzuführen. Oder, Gott behüte, sogar an Körperteile von Leuten, mit denen wir teilweise verheiratet sind. Ganz Wilde machen das auch einfach zum Spaß.

Das muss man sich mal vorstellen. Da gibt es Lebewesen, die den Geschlechtsverkehr vollführen, weil es ihnen Freude bereitet. Das ist doch krank, wenn Sie mich fragen. Oder den Papst. Und Sie sollten den Papst fragen. Er spricht gerne und ausführlich darüber, wann und zu welchen Zwecken man Sex haben sollte. Wer könnte ein besserer Ratgeber im Bereich der Sexualität sein, als der neueste Spross einer 2000 Jahre alten Reihe von abstinenten Männern? Also, weg mit den Kondomen, ihr Narren – und kein Schnackseln vor der Ehe! Denn schon Jesus sprach zu seinen Jüngern: »Benutzt keine Verhütungsmittel, sondern schaut stattdessen entspannt zu, wie Aids halbe Kontinente ausrottet! Tragt dazu einen bunten Hut mit goldenem Rand! Fun, fun, fun!«

Doch blieb dies nicht der einzige Rat, den Menschen anderen Menschen zum Thema Sexualität mit auf den Weg gegeben haben. Bei meiner Recherche bin ich auf fantastische Titel gestoßen. Da gibt es beispielsweise das Buch *Guter Sex trotz Liebe* von Ulrich Clement. Mir ist von diesem Autor leider kein weiteres Werk bekannt, aber ich bin mir ziemlich sicher, dass er auch hinter folgenden Werken stecken müsste: *Gutes Essen trotz Spitzenzutaten, Gutes Radfahren trotz Fahrrad* und *Gutes Buch trotz Seiten*.

Großartig gefallen hat mir zudem ein Buch von Anne West namens *Mehr Sex! 696 Tipps für die angehende Liebesgöttin*. Wobei ich meinen einzigen Kritikpunkt nicht verschweigen möchte: Frau West geht mit ihren Tipps schon ein bisschen knauserig um. 696 Ratschläge reichen doch wohl kaum, um aus mir eine Liebesgöttin zu machen. Da überzeugte mich das Buch *Am meisten Sex! 42.216.529 Tipps für die angehende Bumsekönigin* des französischen Autors Eric Duséllè schon deutlich mehr. Das hat allerdings im Vergleich zu Anne Wests Werk den Nachteil, dass ich es mir bloß ausgedacht habe. Falls Sie sich übrigens fragen sollten, wo Sie den Namen Anne West schon mal gehört haben: Er tauchte weiter oben im Kapitel zum Thema Romantik schon mal auf. Dort bot Anne West in einem anderen Buch »rauschende Romantik« an, und langsam wird mir klarer, wie das gemeint gewesen sein könnte:

»Komm schon, rausch mir was Versautes ins Ohr!«

»WWWWJJJJJJJJSCHSCHSCHSCHSCHSCHSCHSCH!«

»O ja, Baby, gib mir mehr!«

Apropos Rauschen: Zu großer Berühmtheit gelangte ein Ratschlag der Schauspielerin Gwyneth Paltrow zum Thema Intimpflege: Sie empfahl Dampfbäder untenrum und das Einführen von golfballgroßen Jadeeiern in die primären Geschlechtsorgane. Erst nach einem sehr schmerzhaften Selbstversuch wurde mir jedoch klar, dass letzter Tipp nur für die Damenwelt gedacht war.

* * *

Wenn es um Sexualität geht, mischen sich allerdings nicht nur Ratgeber in unseren Intimbereich ein, sondern auch Gesetzgeber. Und ich möchte jetzt gar nicht auf den bizarren Umstand zu sprechen kommen, wie lange zum Beispiel Homosexualität in Deutschland noch illegal war oder dergleichen mehr.

Der Gesetzgeber ging da manchmal schon deutlich mehr ins Detail. So war in Florida früher ausschließlich die Missionarsstellung erlaubt, und Brüste durften nicht geküsst werden. Gerade in Kombination leuchtet das ein.

In Montana hingegen war Sex im eigenen Vorgarten nach Sonnenuntergang verboten. Auch das ist durchaus nachvollziehbar – wenn man es schon im Vorgarten treibt, sollten es die Nachbarn wenigstens sehen können.

In Oklahoma war Dirty Talk verboten. Nicht überliefert ist, ob die Menschen dort von klassischen Formulierungen wie »Fick mich hart, du geile Sau!« kreativ ausweichen und als Alternative beispielsweise legale Formulierungen aus der Floristik wählen: »Gieß mich gründlich, du wild wucherndes Unkraut!« Oder: »Grab mir ordentlich das Beet um, du scharfe Harke!«

* * *

Im Internet findet man übrigens Tipps, die noch weitaus seltsamer erscheinen: So wird auf einer einschlägigen Seite empfohlen, man solle seinem Partner beim Abendessen zuraunen: »Siehst du, wie ich dieses Stück Fleisch verschlinge? So werde ich dich gleich auch verschlingen.« Dann schiebt man sich am besten ein halbes Schnitzel quer ins Maul und macht Geräusche wie ein Buchfink. Welche Geräusche ein Buchfink macht, fragen Sie? Ich würde nach aktuellem Kenntnisstand mal davon ausgehen, dass er rauscht, oder was meinen Sie?

Ovid hatte übrigens schon im ersten Jahrhundert nach Christus ein paar flotte Sextipps parat: Sollte eine Dame eine faltige Vorderseite haben, so empfiehlt er, dass sie dem Partner in der Reiterstellung den Rücken zuwende. Das ist so lange her, dass es vor der Erfindung des zu Ende gedachten Gedankens war, darum möchte ich hier ergänzen: »Sollte jedoch der männliche Partner, der nun rückwärts geritten wird, sehr schrumpelige Beine und krumme Füße haben, so empfehle ich, dass man die optische Unbill gleichmäßig verteilt. Zu diesem Zweck sollte die Dame so schnell als möglich beim Reiten rotieren. Beachten Sie bitte, dass ab 800 Umdrehungen in der Minute die Möglichkeit besteht, dass die Arme und Beine der Dame wie Rotoren wirken und sie einfach abhebt. Diese Stellung nennt man dann den einsamen Sexykopter.«

Eher zufällig bin ich hingegen auf die Sache mit der Grapefruit gestoßen. Es gibt da eine recht bekannte Popmusikerin. Nennen wir sie Julia Engelmann, denn so heißt sie auch. Sie hatte im Jahr 2017 für einige Kontroversen gesorgt mit einem Lied namens »Grapefruit«. Darin wurde mehr oder weniger direkt empfohlen, dass man durch das Öffnen eines Fensters, das Einlassen frischer Luft und den Verzehr einer handelsüblichen Grapefruit mittlere bis schwere Lebenskrisen und psychische Erkrankungen überwinden könnte. Außer paranoide Schizophrenie natürlich, das weiß man ja, da hilft nur ein halber Granatapfel pro Tag. Schon klar.

Da wollte ich natürlich wissen, was das denn jetzt mit den Grapefruits auf sich haben könnte und wie sich ihre magischen Kräfte erklären. Bei der Recherche fand ich wenig Belegmaterial, stieß allerdings auf einen möglichen Hinweis auf YouTube. In einem Video erklärt dort eine junge Dame, wie »Grapefruiting« funktioniert: Im Wesentlichen schneidet man ein Loch in eine Scheibe Grapefruit und garniert damit das männliche Genital während des Oralverkehrs. So kriegt man natürlich ein paar Vitamine, Eiweiß, durch die

Fruchtsäure einen herrlichen Genitalbrand und insgesamt vielleicht auch ein besseres Verständnis dafür, was Julia Engelmann womöglich versuchte, uns mit ihrem Lied zu vermitteln.

* * *

Heutzutage findet man außerdem in vielen einschlägigen Zeitschriften mit vornehmlich weiblicher Zielgruppe (*Cosmopolitan*, *Jolie* etc. pp.) im Grunde in jeder Ausgabe Sextipps und Ratschläge für den ordnungsgemäßen Betrieb eines Schlafzimmers. Da kann man wirklich noch was lernen, zum Beispiel wie viel Umsatz sich mit dem Thema machen lässt. In Zeitschriften, die vornehmlich von Herren gekauft werden (*Jagd & Hund*, *Beef*, *Der Modelleisenbahner* etc. pp.) fehlen diese Tipps gänzlich. Oder ich verstehe die Metaphern in diesen Magazinen völlig falsch. Ob dieser eklatante Unterschied nun bedeutet, dass Frauen niemals genug Informationen über das Thema kriegen können, wohingegen Männern völlig egal ist, wie sie Sex haben, solange es dabei Schnitzel, Lok und Dackel gut geht, sei mal dahingestellt.

Auf dem Buchmarkt geht es noch bunter zu. Es gibt Hunderte von Büchern darüber, welche Körperteile wie zu massieren sind, was man wo reinstecken kann und welche Geräusche dabei zu erzeugen sind. In puncto Anzahl der Ratgeber stellt das Thema Sexualität alle anderen Themen dieses Buches in den Schatten.

Der Platz hier reicht bei Weitem nicht, auf sie alle einzugehen. Nur im Vorbeigehen sei hier das Buch *Intimität und Verlangen* erwähnt, dessen Verfasser einen vielsagenden Namen trägt: David Schnarch.

Respekt geht jedoch raus an den Verfasser des Buches *33 Muschitricks*, Matt La Roche. Aus den wütenden Online-Rezensionen lässt sich entnehmen, dass sich Dutzende von Leuten dieses Buch bestellt haben in der Hoffnung, den weiblichen Unterleib besser zu verstehen. Im Buch finden sich jedoch scheinbar nur zweideutige Sprüche über Katzen und jede Menge Katzenfotos. Mit der Dummheit und Geilheit der Menschen Geld zu verdienen, indem man ihnen für viel Geld Katzenfotos und ein wirklich dummes Wortspiel andreht, das ist schon weit fortgeschrittene Ratgeber-Action. Ich freue mich schon auf den Nachfolger *Geheimnisse des Pillemanns*, in dem es ausschließlich um Apotheker geht.

Wo wir gerade davon sprechen: Auch ein Ratgeber mit *365 Stellungen* ist verfügbar, mit dem bestechenden Untertitel *Heiße Sexspiele für ein ganzes Jahr*. Das ist rechnerisch beeindruckend korrekt, setzt allerdings voraus, dass man jeden Tag exakt einmal Sex hat und in Schaltjahren sogar an einem Tag zweimal ranmuss. Ja, hallo? Da frag ich mich: Wer bin ich denn? Der nimmermüde Bumsebold?

Lesen Sie lieber mein Buch »Eine Stellung – ausreichend für ein ganzes Jahr voller Abwechslung«. Übrigens der einzige Sexratgeber, der in Florida legal ist.

* * *

Mir leuchtet nicht ein, warum wir uns ausgerechnet bei einem der intimsten Vorgänge am meisten von außen reinreden lassen sollten. Was ist denn genau der Missstand, der mit all diesen Ratgebern behoben werden soll? Geht es darum, dass wir alle nicht so richtig wissen, wie man den Geschlechtsakt vollzieht? Dass wir teilweise sogar denken, »den Geschlechtsakt vollziehen« sei eine passende Ausdrucksweise? Oder geht es darum, dass wir in diesem Bereich besonders leicht zu verunsichern sind und darum umso anfälliger, in all den vielen Ratgebern eine Stütze zu suchen?

Es scheint ja sogar so, dass sich Menschen aus lauter Verunsicherung über die Größe dieses oder jenes Körperteils oder ihr Durchhaltevermögen im Schlafzimmer von Spam-Robotern Einkaufstipps geben lassen. Da heißt es dann gerne mal: »Die wo sich Internationale Institut, wo have the USA gemacht, dass sich empfiehlt Pumpe de vacuumes. Twice der Länge in kurzem Zeitwindow erreichen. Romantik und Leidenschaft, die zu bringen, um in Ihrem Leben, die für die letzten Monate wird Spice wird. Wärme Dinge im Schlafzimmer.«

Warum klingt das eigentlich immer so, als habe die Übersetzungssoftware während der Arbeit einen Schlaganfall erlitten? Und mal ganz im Ernst: Stimmt es wirklich, dass diese Mails nicht verschickt würden, wenn niemals jemand darauf reagiert? Andersherum gefragt: Wenn das so sein sollte, wo ist dann der Mann, der die obige Mail liest und denkt: »Diese Nachricht macht mir einen seriösen Eindruck. Sie wurde ganz sicher von Leuten verfasst, denen ich die Zukunft meines Unterleibs anvertrauen möchte.« Da komme ich einfach nicht mehr mit.

Wobei ich mir persönlich durchaus vorstellen kann, dass es eine Saugglocke gibt, die per Unterdruck mein Genital in kurzer Zeit auf die doppelte Länge vakuumiert. Aber ganz ehrlich, was soll ich mit einem sechzig Zentimeter langen Penis? Und was soll ich mit einer derartigen Pimmelpointe? Wer bin ich denn? Der immerschlüpfrige Grinsegoblin?

* * *

Es wird Zeit für einen Freischlag! Wagen wir die nächste Stufe der sexuellen Revolution! Lösen wir uns von den Fesseln untenrum! Auch und insbesondere von denen, die uns in Sadomaso-Ratgebern angedient werden! Schmeißen wir Dr. Sommer aus dem Fenster, lassen wir Dr. Winter herein! Machen wir wenigstens das Schlafzimmer zu einem Felsen in der Brandung der Leistungsgesellschaft! Machen wir keine Liebe, machen wir auch keinen Hass, machen wir Langeweile! »Komm schon, Baby, lass uns gemeinsam öde und fad ein paar Körpersäfte in der Gegend herumfuhrwerken.«

Schluss mit der Optimierung des Sex! Pessimieren wir den Geschlechtsverkehr! Dabei soll uns als Leitsatz gelten: Nur wenn wir alle gemeinsam richtig schlecht drauf sind, können wir uns auf Augenhöhe begegnen. Und zwar unter der Gürtellinie.

226

Der erste Schritt sollte sein, sich für den Akt einen Partner auszusuchen, auf den man überhaupt keine Lust hat. Es sollte allerdings kein Hass vorhanden sein, denn der klassische Hasssex ist eine hohe Kunst und kann durchaus vergnüglich sein. Suchen Sie sich vielmehr jemanden, der Sie anwidert. Nichts macht weniger Spaß als Sex mit Leuten, die einen zutiefst anekeln. Glücklicherweise sind die Möglichkeiten da so vielfältig wie die Menschen unfähig: Mundgeruch, Ausschlag, rechtsradikale Parolen, sinnleere Popsongs oder Kleidung von Primark. Widerliches findet sich allerorten! Ran da!

Überwinden Sie die bürgerliche Vorstellung, dass Sex eine Sache zwischen zwei Personen sein muss. Das ist Spießerdenken! Um den Ekelfaktor zu erhöhen, wagen Sie den Sexualakt mit einer großen Gruppe abtörnender Personen, etwa der gesamten AfD-Fraktion im Thüringer Landtag, der Redaktion der *BILD* oder dem Vorstand der Deutschen Bank. Wenn Sie sich entschlossen haben, die gesamte Redaktion der *BILD* zu verführen und mit diesem Sammelsurium ethisch fragwürdiger Zeilenhäcksler den Äonen alten Balztanz der Lenden zu wagen, dann schaffen Sie eine passende unerotische Atmosphäre.

Legen Sie eine Backwerk-Filiale mit Jutebeuteln voller Gummienten und Quark aus und spielen Sie den Soundtrack des Films *Transformers 4* ein oder hören Sie den Song »Coco Jamboo« von Mr. President auf Repeat. Behängen Sie die Wände mit überlebensgroßen Fotos von Helmut Kohl. Zünden Sie keine Kerzen an, sondern beleuchten Sie alles mit 10 000-Watt-Bau-scheinwerfern. Laden Sie eine Jury ein. Es sollte unbe-dingt eine Jury anwesend sein, die jede Ihrer Stellun-gen mit einer Note zwischen 0 und 10 bewertet und sich auch nicht scheut, gelegentlich zu buhen.

Sollte die Stimmung trotz allem noch erotisches Restknistern in der Luft aufweisen, probieren Sie es doch mal mit »Clean Talk«. Das geht genau wie Dirty Talk, nur ist es halt sehr sauber und rein. Fast schon steril. Man flüstert sich beim Clean Talk keine Schwe-nereien ins Ohr, sondern wissenschaftliche Fakten, Statistiken und Zitate aus Gesetzestexten. Streuen Sie gerne auch den Tod als Thema ein, das ist immer rich-tig und nivelliert die Wirkung eines Tanklastzugs mit blauen Pillen. Das kann dann zum Beispiel so klingen: »O ja, Baby, die Eulersche Zahl ist eine irrationale reel-le Zahl. Im Jahr 2016 waren 24,3 Prozent der Deut-schen zwischen 40 und 59 Jahre alt. Im Jahr 2018 sind diese Leute im Schnitt zwei Jahre älter gewesen. Oder tot. Wir müssen nämlich alle sterben. Da ist der Tod der Einzige, der wirklich alle gleich behandelt und sich damit konsequent an Artikel 4 des Grundgesetzes hält. Und jetzt fass mich unten an.«

Wenn Sie das alles so durchgeführt haben, dürften Sie inzwischen seit einer ganzen Weile alleine sein. Doch damit muss noch nicht alles vorbei sein. Das Stichwort lautet hier Autoerotik. Um den Abend rund zu machen, schieben Sie sich ein Schnitzel quer in den Mund und rauschen Sie wie ein Buchfink.

»WWWWJJJJJJJJSCHSCHSCHSCHSCHSCHSCHSCH!«

35 Schlecht Alkohol und Drogen konsumieren

»Es ist ein Brauch von Alters her:
Wer Sorgen hat, hat auch Likör.«

So reimte einst Wilhelm Busch.

Und da ich in diesem Kapitel nicht nur über Alkohol sprechen möchte, sondern auch über alle anderen Drogen, gilt es zunächst einige Zeilen zu ergänzen:

Es ist ein Brauch seit alter Zeit:
Wo Sorgen sind, ist Dope nicht weit.
Es ist ein Brauch aus Medellín:
Wer Sorgen hat, hat Kokain.
Die Sorgen sind ein grünes Reh,
nimmt man genügend LSD.
Die Sorgen sind fast gänzlich weg,
raucht man nach Feierabend Crack.
Es ist ein Brauch in Stadt und Staat:
Bei Sorgen hilft dir Opiat.
Wenn Sie weg von Sorgen wollen,
brauchen Sie nur Joints zu rollen.
Auch wenn's der Polizei nicht passt:
Wer Sorgen hat, hat Angel Dust.
Das Leben ist ein Trauerspiel:
Wer Sorgen hat, hat Krokodil.
Es ist kein Brauch, doch leicht zu sehn:
Wir mampfen Meskalin-Kakteen.
Die Sorgen sind schon längst vergessen,
wenn wir gemeinsam Pilze fressen.

Mir persönlich erscheint es überhaupt nicht schlüssig, zwischen Alkohol und Drogen zu differenzieren. Das ist die seltsamste Unterscheidung, seit zwischen Mensch und Tier unterschieden wird. Als wären wir keine Affen! Als wäre Alkohol kein ganz gewöhnliches Rauschmittel! Übrigens sogar eines, das sehr viel mehr Todesopfer fordert als viele andere Drogen. Zudem führt es recht offensichtlich zu destruktivem Verhalten, schmeckt oft nach Desinfektionsmittel und macht weite Teile der Schlagerbranche überhaupt erst möglich. Ich würde also nicht mal sagen, dass Alkohol unter die weichen Drogen fällt, auch wenn er flüssig ist. Aber gut, es gibt ja auch trockenen Wein.

Lassen wir die Albernheiten und wenden uns dem Kiffen zu. Denn viel weniger gefährlich als Alkohol scheint auf den ersten Blick Cannabis zu sein. Zwar kann dies in großen Mengen zu einer gewissen Schlaffheit führen, Albernheiten befördern und zu mehreren Stunden unentschlossenem Herumstehen vor dem Süßigkeitenregal im Supermarkt – bis man schließlich merkt, dass man aus Versehen die ganze Zeit vor dem Regal mit dem Tierfutter steht. Cannabis hat natürlich auch negative Seiten: Es kann bei entsprechender Disposition offensichtlich Psychosen triggern und macht weite Teile der Reggae-Branche überhaupt erst möglich. Aber fairerweise muss man zum Vergleich der dadurch inspirierten Musik an der Stelle Helene Fischer und Bob Marley gegenüberstellen. Merken Sie den Unterschied? Oder sind Sie schon wieder betrunken?

Es sollte also zumindest offen drüber nachgedacht werden, warum zum Beispiel konservative Politiker in Bayern so offen für Alkohol Werbung machen, während sie Cannabis verteufeln und kriminalisieren. Vielleicht kann man ja eine salomonische Lösung finden. Könnte es nicht beim Oktoberfest jedes zweite Jahr statt des großen Anstichs des Bierfasses das Aufrollen einer riesigen, riesigen Tüte geben, an der halb München mal ziehen darf? »O'qualmt is!«

Aber nein, das ist womöglich in die ganz falsche Richtung gedacht. Wenn man den Ratgebern zum Thema Alkohol Glauben schenken darf, sollte vielleicht nicht Gras legalisiert werden, sondern Alkohol illegalisiert. Bei der Suche nach Ratschlägen, wie man sich richtig betrinkt, stößt man nämlich beinahe ausschließlich auf Bücher zum Thema Alkoholsucht und zu der Frage, wie man mit dem Trinken komplett aufhört oder wenigstens lernt, in Maßen zu trinken statt in Maßkrügen.

Schon eine einfache Google-Suche nach Ratgebern zum Thema »Alkohol« gibt einigen Aufschluss. *Endlich ohne Alkohol* heißt es da – und *Alkohol – Die Gefahr lauert überall* oder gar *Familienkrankheit Alkoholismus: Im Sog der Abhängigkeit*. Sucht man hingegen nach Ratgebern zum Thema »Cannabis«, stößt man auf *Cannabis als Medizin*, *Cannabis gegen Krebs*, *Cannabis Geheimnisse* oder auch *Cannabis Rezepte*. Natürlich finden sich zwischendrin auch Bücher, die bei Drogensucht helfen sollen und auf die Gefahren des Kiffens hinweisen. Kein Zweifel darf daran herrschen, dass es sich auch dabei um eine Droge handelt und der Konsum nicht risikofrei ist. Das ist auch dem Schwarmgeist der Ratgeber klar.

Dennoch vermisst man »Rezepte mit Doppelkorn«, »Gin Tonic gegen Krebs« oder auch »White Russian als Medizin«. Gut, okay, nicht alle Ratgeber sind negativ. Ich habe immerhin ein Buch von Antje Watermann gefunden, in dem steht, wie man mit einem Thermomix Likör herstellen kann.

Es ist ein Brauch von Alters her:
Der Thermomix macht auch Likör.

Das hätte Wilhelm Busch wohl dazu gesagt. Und sich dann gewundert, warum Menschen zur Herstellung von Likör ein Gerät kaufen, das so viel kostet wie der Ladenpreis von etwa einer Milliarde Liter Likör. Gut, fairerweise muss ich zugeben, ein Kochbuch mit Alkohol habe ich auch gefunden. Und jede Menge Bücher mit Partyspielen, insbesondere für Junggesellenabschiede. Herausheben aus der Masse möchte ich *Das Buch der Partyspiele*, auf dessen Cover man eine Schnapsflasche sieht und dessen Autor den schönen Namen »Meister Suff« trägt. Das scheint mir seriös zu sein.

Wenn man über den Tellerrand der beiden wohl populärsten Drogen schaut, wird es noch mal richtig interessant. Bei den psychoaktiven Substanzen findet man jede Menge Bücher, die einem die ganze Bandbreite von Fliegenpilz bis Teufelsbeere vorstellen. Regelrechte Enzyklopädien tummeln sich da auf dem Büchermarkt. Dazu kommen Anleitungen zum »Safer Use« und ein Sammelsurium an historischen Büchern wie

Der heilige Hain – Germanische Zauberpflanzen, heilige Bäume und schamanische Rituale.

Wieso nicht gleich *Psychedelischer Neo-Schamanismus* von Jim DeKorne und Bert Schuldes oder das Buch *Changa: Die rauchbare Evolution des Ayahuasca* von Markus Berger? Im Klappentext wird Changa als Errungenschaft der Psychonauten gefeiert, die in »kürzester Zeit die weltweite Gemeinschaft der Freunde psychedelischer Substanzen« erobert hat. Sie wussten nichts von Psychonauten, Neo-Schamanen und dieser obskuren Weltgemeinschaft? Und überhaupt: Wann sind Sie denn das letzte Mal zur Feier der Frühlings-Tagundnachtgleiche im Fliegenpilzrausch bei Sonnenaufgang um eine siebenstämmige Eiche getanzt?

Es scheint, grob zusammengefasst, sich wie folgt zu verhalten: Wer Bücher über psychoaktive Pflanzen liest, will im Rahmen eines Rituals nackt durch den Wald rennen. Wer Bücher über Alkohol liest, will im Rahmen eines Junggesellenabschieds nackt durch die Innenstadt rennen. Und wer Bücher übers Kiffen liest, will Schokolade.

Milde beruhigend für alle Drogenkritiker da draußen: Im Bereich der sogenannten harten Drogen (Heroin, Kokain, Crystal Meth und Co) geht es dann in den Ratgebern quasi ausschließlich um die Themen Sucht und Entzug. Ich persönlich finde das super. Ich meine, wenn man es genau nimmt, ist dieses Buch hier ja auch nichts anderes als eine Hilfe zum Entzug für alle Ratgebersüchtigen und alle Abhängigen der grausamen Auswüchse der Optimierungskultur.

Ich könnte es mir jetzt hier schön einfach machen und Ihnen sagen, dass jede Art von Drogenkonsum eine schlechte Idee ist und darum ein guter Weg, sich von der optimierten Gesellschaft wegzubewegen. Ganz richtig ist das nicht. Neben dem Freizeitgebrauch mancher Drogen, die einigen Nutzern offenbar eine schnelle und effektive Pause vom Alltag in der Leistungsgesellschaft versprechen und darum inoffiziell als Optimierung anerkannt sind, gibt es noch einen zweiten Trend.

Die Rede ist die Verwendung von Drogen zur Leistungssteigerung. Das gibt es längst nicht mehr nur im Sportbereich. Schon Sigmund Freud war großer Freund des Kokains, mit dem er die Nächte durcharbeiten konnte. Da dürfte er nicht der Einzige geblieben sein. Heutzutage angesagt ist zum Beispiel auch Methylphenidat, besser bekannt als Ritalin, das eigentlich ein Mittel für Patienten mit ADHS ist und diesen hilft, sich zu konzentrieren. Nun nehmen aber auch beschwerdefreie Erwachsene Ritalin, insbesondere Studierende, und versuchen damit, ihre Leistung zu steigern, ihr Schlafbedürfnis zu reduzieren und die Hausarbeiten für das ganze Semester in der Nacht vorm Abgabetermin durchzupeitschen. Was ist nur aus dem gemütlichen dreißig Semester langen Studium der Geisteswissenschaften geworden? Heute muss alles schnell und effektiv sein.

Es ist ein Brauch, der neu erschien:
Wer Zeitdruck hat, nimmt Ritalin.

Klingt auf den ersten Blick so, als würde hier eine hoch effektive Substanz voll auf einer Welle mit dem Optimierungswahn unserer Zeit liegen. Ganz richtig ist das nicht. Hier sind die häufigsten Nebenwirkungen, die laut Wikipedia bei zwischen 1 und 10 Prozent der Konsument*innen auftreten: »Appetitlosigkeit, Angstgefühle, anfängliche Schlafstörungen, depressive Verstimmung, Nervosität, Unruhe, Agitiertheit, Aggressionen, Zähneknirschen, Depressionen, verminderte Libido, Verwirrung, Spannung, Schwindelgefühl, Zittern, Ameisenlaufen (Kribbeln), Dämpfung (Sedierung), Spannungskopfschmerzen, verschwommenes Sehen, Drehschwindel, Schmerzen in Nasen-Rachenraum, Aufstoßen (Dyspepsie), Erbrechen, Verstopfung, übermäßiges Schwitzen, Muskelspannung, Reizbarkeit, Gewichtsverlust, Muskelzuckungen (Tic) und emotionale Labilität.«

Das ist nun nicht ganz im Sinne einer generellen Verbesserung, vermute ich mal freiheraus. (Wobei es sich jetzt auch nicht wirklich von den Nebenwirkungen einer durchschnittlichen Beziehung unterscheidet, siehe Kapitel »Schlecht romantisch sein«.) Andererseits dürfte es nur eine Frage der Zeit sein, bis Forscher eine Droge entwickeln, die Leistungssteigerung ohne Nebenwirkungen hinkriegt. Und dann gilt umso mehr, dass wir Wege finden, uns all dem zu entziehen.

***

Wie aber kann man eine schlechte Sache wie Drogenkonsum nun besonders schlecht machen, sodass jeder gewünschte Effekt verpufft?

Ein guter Anfang wäre, wenn Sie die sedierenden und die aufputschenden Drogen einfach vertauschen. Wenn Sie richtig Stress haben und die Nacht durcharbeiten müssen, rauchen Sie doch mal eine Runde Opium. Wenn Sie sich entspannt zurücklehnen und einfach mal einen ruhigen Abend machen, dann ziehen Sie sich vorher eine armlange Line Kokain. Beides dürfte sehr gut nach hinten losgehen.

Oder trinken Sie zu originellen Tageszeiten völlig ungewöhnliche Mengen Alkohol. Morgens statt Milch einfach mal einen Liter Whiskey ins Müsli. Abends im Club einfach mal ein sehr, sehr kleines Radler in einem Pinnchen bestellen. Fortgeschrittene können sich auch einen Wecker stellen und um drei Uhr morgens noch im Bett liegend ein Fünf-Liter-Fässchen Rotwein im Hals parken.

Noch effektiver für die Pessimierung ist es jedoch, vor wichtigen Anlässen Drogen zu nehmen. Lernen Sie in einer Stunde endlich die Eltern Ihrer Verlobten kennen? Das ist doch ein perfekter Zeitpunkt, um sich eine doppelte Elefantenration LSD reinzustellen. Das bedeutet übrigens nicht, so viel LSD zu nehmen, dass zwei ausgewachsene Elefantenbullen davon ordentlich verschallert wären, sondern so lange immer mehr LSD zu nehmen, bis man zwei Elefanten sieht. Das sind dann wahrscheinlich die werdenden Schwiegereltern. Begrüßen Sie diese einfach mit einem heiteren »Töörööö!«, das lockert die Stimmung gleich zum Einstieg.

Haben Sie ein Bewerbungsgespräch für den Job als Leiter einer Filiale der Sparkasse? Rauchen Sie ein Pfund Changa und überzeugen Sie Ihren kommenden Vorgesetzten mit Ihrer Doppelrolle als Psychonaut und Neo-Schamane.

Nehmen Sie zum Einschlafen eine rüssellange Line Speed. Sie werden träumen, dass Sie eine Fleischrakete sind, die unentwegt die Schallmauer durchbricht, während Sie um Las Vegas kreist. Ein schöner Traum. Allerdings werden Sie dabei nicht schlafen, sondern halbnackt um eine Fußgängerampel rennen und »Peng, Peng!« und »Viva Las Vegas!« rufen.

Dies ist der althergebrachte Kategorische Imperativ der Rauschmittel: Nehme nur so viele Drogen zu dir, wie du mit aller Kraft in dich reinkriegst. Denken Sie zudem immer an Dean Martin. Nicht weil er einmal gesagt hat, dass man solange nicht betrunken ist, wie man am Boden liegen kann, ohne sich festzuhalten. Sondern einfach deswegen, weil Dean Martin wirklich sehr viel Haargel benutzt hat. Ein Griff in seine Haare muss sich angefühlt und angehört haben, als würde eine Nacktkatze in einen riesigen Teller Spaghetti mit Sauce hollandaise fallen. Sie verstehen nicht, was ich Ihnen damit sagen will? Dann sollten Sie die Schuld vielleicht nicht bei mir suchen. Nehmen Sie einfach mehr Drogen. Glauben Sie mir, das hilft, ich schwör! So wahr ich Ihr Neo-Schamane bin!

36 Schlecht aufreißen

Das Kennenlernen bis dahin unbekannter Personen ist eine der Grundvoraussetzungen, um neue Beziehungen aufzubauen. Egal für welches Geschlecht Sie sich interessieren und was Sie mit diesem Geschlecht dann vorhaben – es führt kein Weg daran vorbei, die Leute, die an dem Geschlecht dran sind, erst mal anzusprechen. Nun gibt es Menschen, denen es denkbar leicht fällt, neue Menschen kennenzulernen. Die stellen sich in die Fußgängerzone und halten ein Schild hoch, auf dem sie ihre Paarungsbereitschaft bekannt geben, und sind fünf Minuten später so gut wie verheiratet. Pfui. Andere Menschen stellen sich in die Fußgängerzone, halten ein baugleiches Schild hoch und sind fünf Minuten später alt, einsam und verlassen von allen. Auch nicht schön.

Und dann gibt es da noch eine dritte Kategorie. Darunter fallen all diejenigen, die oft daran scheitern, nicht perforierte Plastikpackungen zu öffnen und die bis hierhin dachten, das Kapitel »Schlecht aufreißen« könnte ihnen genau dabei helfen. Das sind dieselben, die sich jetzt wahrscheinlich wundern, dass es in diesem Buch ein Kapitel zum Dating und eins zum Aufreißen gibt. Und klar, diese beiden Dinge sind eng miteinander verwoben – in der Tat gibt es im Kapitel zum Dating schon einige Hinweise auf meine nicht vorhandenen Aufreiß-Skills. Aber es handelt sich natürlich um zwei klar voneinander zu trennende Dinge. Lange bevor es zu einem Date kommt, ist es notwendig, jemanden aufzureißen – oder eben aufgerissen zu werden. Ansonsten bleibt es beim Rendezvous recht einsam.

Es gibt natürlich auch jede Menge Leute, die den zweiten Schritt auslassen und es lediglich dabei belassen, jemanden aufzureißen und eventuell noch die ein oder andere Körperflüssigkeit auszutauschen.

»Sie gefallen mir gut. Hier, nehmen Sie diesen Becher Speichel von mir.«

»Oh, vielen Dank, kann ich Sie im Gegenzug für eine Phiole Achselschweiß begeistern?«

Man kennt das ja. Das klingt heiter und flockig, ist aber einerseits für viele Menschen eine ernste Hürde auf dem Weg zum Glück, das sie im Hafen der Zweisamkeit vermuten, die Narren. Und andererseits ist es ein Milliardengeschäft für alle jene, die sich diese Unwissenheit und Unsicherheit der anderen zunutze machen.

»Aufreißen« ist ein wirklich schäbiges Wort, aber es scheint alternativlos, wie Angela Merkel sagen würde, wenn sie sich denn endlich mal zu diesem Thema äußern würde. Andere Formulierungen wie »Kennenlernen« wirken schwammig am Sujet vorbeigetupft. Das Wort »Flirt« hingegen klingt wie das Geräusch, das ein sehr kleiner Frosch beim Kotzen macht.

»Sören, du solltest diesem kleinen Frosch wirklich keinen Schnaps zu trinken geben.«

»Ach was, was soll da schon …«

»FLIRT!«

Man kennt das ja. Auch das klingt noch heiter und flockig, außer vielleicht für den Frosch. Aber es gibt seit einiger Zeit Leute, die das Aufreißen zu einer Art Sportart erhoben haben, die sie in grandioser Selbstüberschätzung (wohl eine Berufskrankheit) als Kunst bezeichnen. Die Rede ist natürlich von sogenannten »Pick-up-Artists«.

Schon klar, dass in Kreisen solcher Aufreißspezialisten die Frauen zu Objekten gemacht werden, die, wenn sie Glück haben, in etwa so gut behandelt werden wie eine aufzureißende Packung Erdnüsse. Es sind übrigens an dieser Stelle natürlich immer Frauen, die von Männern aufgerissen werden. Was haben Sie anderes erwartet, als derlei heteronormativen sexistischen Otterdung? Diese Leute haben ganz offensichtlich nichts außer einem Stück grobe Leberwurst im Kopf.

Bei diesen speziellen Künstlern geht es hauptsächlich darum, mit psychologischen Taschenspielertricks Frauen so zu manipulieren, dass sie sich am Ende »abschleppen« lassen. Damit man dabei nebenher noch Geld verdienen kann, werden mit anderen psychologischen Taschenspielertricks Männer so manipuliert, dass sie große Summen ausgeben, um sich auch zu Pick-up-Artists ausbilden zu lassen.

Ratgeber schreiben die Herren Künstler natürlich auch. Ich picke mal eins up. Das reicht auch schon, um sich ein Bild zu machen. *Lob des Sexismus* ist der Titel, es stammt vom Autor Lodovico Satana, und in seiner Selbstbeschreibung heißt es, er sei »unter dem Pseudonym Endless Enigma eine der profiliertesten Erscheinungen der jungen deutschsprachigen PickUp-

Community«. Lob des Sexismus? Endless Enigma? Wer für so ein Werk Geld ausgibt, wird mir tatsächlich ein endloses Rätsel bleiben.

Spätestens als dann 2014 der bekannte Pick-up-Artist Julien Blanc anderen Männern in Videos nahelegte, dass gelegentlich ruhig auch sexuelle Gewalt eingesetzt werden dürfe, fiel mir zu all dem nichts mehr ein, außer es dem sehr kleinen Frosch gleichzutun: »FLIRT!«

Abseits dieser Auswüchse gibt es natürlich auch jede Menge »normaler« Ratgeber, die vom Anbahnen eines Kontaktes zwischen potenziellen Partnern handeln. Das Buch *Rückkehr der Eroberer – Ein Flirt-Handbuch für christliche Männer* klingt zum Beispiel nach einer originellen Mischung aus Conan, der Babar, und Onan aus der Bibel. Falls Sie sich im Erstkontakt mit Damen immer fragen: »Was würde Jesus tun?«, sind Sie hier sicher an der richtigen Adresse.

Jens Löser und Stefan Wirkus gehen das Thema anders an. Ihr Buch heißt: *Single sucht Frosch: So verkaufen Sie sich richtig – 120 Tipps für den perfekten Flirt.* Und falls Sie sich doch mal falsch verkauft haben oder in der Hitze des Gefechts nicht mehr alle 120 Tipps parat haben, wissen Sie ja zumindest, welches Geräusch der Frosch wahrscheinlich machen wird.

Möge Sie der Gedanke trösten, dass Sie im Falle eines erfolgreichen Anbahnens im Bett wesentlich größere Schwierigkeiten gekriegt hätten – dort reichen, wie wir aus dem Kapitel »Schlecht Sex haben« wissen, keine 120 Tipps, dort braucht man gleich 696 davon.

Gut gefallen hat mir auch der Titel *Mission Traum-frau: Gekonnt flirten, verführen und die Richtige finden. Der Ratgeber für Männer* von Nina Deißler. Ich mag vor allem die Reihenfolge: Erst flirten, dann verführen, dann die Richtige finden. Frau Deißler lässt offenbar nichts anbrennen.

Sandra Maiwald hingegen geht es eher in Kurz-form an: *SMS Love: Die schönsten Messages für Flirts und Dates* heißt ihr Buch. Ideal ist es vor allem dann, wenn Sie die eine Person in Mitteleuropa kennenlernen, die im Jahr 2018 noch SMS schreibt.

Mal im Ernst: Ich könnte stundenlang und tage-lang so weitermachen und Aufreiß-Ratgeber auflisten. Das Thema lockt Heerscharen von Ratgebern hinterm Ofen der Erkenntnis hervor. Und sie alle wollen uns etwas Wichtiges über das Thema Zwischenmenschlich-keit beibringen. Nämlich, dass Autoren von Ratgebern dringend Geld brauchen – und zwar Ihr Geld.

Ich habe keine 696 Ratschläge und nicht mal 120 Tipps – ich kann Ihnen nur einen einzigen Weg weisen. Und der führt zur Pessimierung. Seien Sie der schlechteste Aufreißer seit »Kommst du öfter her?« Und das ist in dem Fall wirklich einfach: Wenn Sie wirklich schlecht flirten wollen und bereits in den ers-ten Momenten des Kennenlernens alles gründlich ver-sauen, dann machen Sie ausnahmsweise alles exakt so, wie es in den Ratgebern steht.

Seien Sie auf keinen Fall Sie selbst. Sagen Sie nicht, was Ihnen in den Sinn kommt. Reden Sie nicht mit Ihrem Gegenüber wie mit einer normalen Person. Geben Sie sich selbst keine Chance. Folgen Sie möglichst vielen Flirt-Tipps gleichzeitig.

Ich weiß, dass ich in den anderen Kapiteln konsequent davon abgeraten habe, den Ratgebern zu vertrauen und Sie wieder und wieder darauf hingewiesen habe, dass man nur so der Leistungsgesellschaft entfliehen kann. In diesem Fall liegen die Dinge anders. Eine schlechtere Idee, als beim ersten Kennenlernen blind den Anweisungen wildfremder Möchtegernexperten zu folgen, fällt selbst mir nicht ein. Falls es zufällig doch mal klappt, regeln Sie alles Weitere per SMS. Und denken Sie immer an den kleinen Frosch.

37 Schlecht smalltalken

»Schönes Wetter heute, oder?« Eine Unterhaltung so zu eröffnen gilt vielen als der ultimative Ratschlag zum Thema Small Talk. Selbst wenn gerade bei siebzehn Grad unter null ein massiver Schneesturm durchs Land zieht. Vielleicht denken auch Sie, dass sich das Thema »Small Talk« bereits darin erschöpft, ein wenig über das Wetter zu plauschen oder maximal noch Bundesliga-Ergebnisse oder den gesundheitlichen Zustand abzugleichen.

»BVB gewonnen gestern, wa?«

»Jepp.«

»Und wie geht's sonst so?«

»Lungenkrebs im Endstadium. Aber sonst ganz gut. Selbst?«

»Geht so.«

Und das war dann schon alles, was Small Talk hergibt. Weit gefehlt. Der Duden definiert Small Talk zwar als »leichte, beiläufige Konversation«, aber ganz so leicht und so beiläufig ist das Ganze scheinbar nicht. Im Small Talk unterhält man sich jenseits von gesellschaftlichen Hierarchien und stellt so persönliche Bindungen her, die bei tiefer gehenden Themen schlicht nicht möglich wären. Denn wenn es um schwerere Themen geht, kommen selbstverständlich wieder die gesellschaftlichen Rollen ins Spiel. Wenn Sie mit der Kanzlerin im Aufzug stecken bleiben, können Sie die Situation mit einer Bemerkung über das Wetter auflockern oder sich nach ihrem Wohlbefinden erkundigen. Demgegenüber ist es gesellschaftlich nicht anerkannt, dass Sie der Kanzlerin in dieser Situation Tipps zur Lösung des Nahostkonflikts geben oder sich nach ihrer Meinung über Flirtbücher für christliche Männer erkundigen.

Abseits dieses zugegeben etwas unwahrscheinlichen Szenarios kann man aber durchaus sagen, dass Small Talk tatsächlich wie eine Art soziales Schmiermittel funktioniert. Man kann sich unverbindlich unterhalten und so entweder ein schwereres Gespräch vorbereiten oder eben einfach nur eine Form von Bindung zu so ziemlich jeder gegebenen Person aufbauen. Wenn Sie jetzt glauben, dass könne jeder einfach mal so aus dem Handgelenk schütteln und es sei vielleicht wichtig, aber nicht schwierig, sich mal eben über das Wetter zu unterhalten, dann kann ich Ihnen aus dem Stehgreif eine Menge Ratgeber-Autor*innen nennen, die da anderer Meinung sind.

Unklar scheint in der Ratgeberbranche zu sein, wie lange genau man braucht, um Small Talk zu erlernen. Gelassen geht es zu bei *Smalltalk: In 30 Tagen vom Beginner zum Experten* von Otto Fischer. Martin Kunze schafft es etwas schneller: *Smalltalk: In 21 Tagen vom schüchternen Anfänger zum Smalltalk-Experten* heißt sein Buch. Das wiederum will Cosima Sieger nicht so auf sich sitzen lassen und trumpft auf: *Smalltalk: In 15 Tagen Schüchternheit überwinden und zum Kommunikationsexperten werden*. Silke Aris kann darüber nur müde lächeln: *Sofortwissen kompakt. Small-Talk im Beruf: Businesswissen in 50 x 2 Minuten*. Oder, wie ich selbst ganz ohne Taschenrechner herausgefunden habe: 100 Minuten.

Chefin im Ring ist jedoch ganz klar Jutta Portner, die ihr Fachwissen nicht als Buch, sondern als CD weitergibt. *30 Minuten Small Talk* heißt diese und verspricht schon auf dem Cover: »In 30 Minuten wissen Sie mehr.« Die CD hat übrigens, kein Witz, eine Spielzeit von 64 Minuten. Was in den 34 restlichen Minuten geschieht, wüsste ich auch gerne. Nur leider habe ich keine Zeitmaschine, um in das Jahr 2004 zu reisen, als es noch Menschen mit CD-Playern gab.

Aber Geschwindigkeit ist natürlich nicht alles. Es kommt beim Erlernen des Small Talks auch auf die Menge der Tipps an – und ein cooles Wort, das man statt »Ratschläge« einsetzen kann: Theodor Fechter hat einen Ratgeber mit 7 Strategien, Benjamin Finkel bietet 8 Methoden, Alex Siebert und Christoph Spiegel zeigen uns 10 Schritte! Olivia Fane und Dr. Nicole Seifert haben gar 60 Ideen! Leil Lowndes haut jedoch locker alle weg und kommt in ihrem Small Talk-Buch auf sagenhafte 92 Tipps!

Das eigentlich verrückte an diesen beiden Ranglisten ist, dass gefühlte 99 % der Ratgeber zum Thema Small Talk ohne Zahlenangaben auskommen. Da können Sie sich jetzt selbst ausrechnen, wie verrückt viele Bücher es zu dem Thema gibt. Aber bitte ohne Taschenrechner. Kleiner Tipp: Es sind verdammt viele. Vielleicht ist das ja dann auch ein guter Einstieg in den nächsten Small Talk.

Andererseits scheint die schiere Anzahl und Ernsthaftigkeit der Auseinandersetzung mit dem Thema nahezulegen, dass Small Talk eben kein Sujet für Small Talk ist, sondern an die Substanz geht. Vielleicht probieren Sie es daher lieber mit einem der Bücher *gegen* Small Talk. Ja, Sie lesen richtig. Es gibt zu allem Überfluss auch noch einige Ratgeber, die sich explizit gegen Small Talk aussprechen.

FUCK Smalltalk!, ein Buch von Deniz Deke zum Beispiel, schreit seine Abneigung bereits im Titel in den Raum. Deke fordert als Alternative Bigtalk – also tiefe Gespräche mit sinnvollem Inhalt. Der Reiseratgeber *Lonely Planet* gibt einen versteckten Fingerzeig darauf, dass Deniz Deke richtigliegen könnte – zumindest hierzulande. Denn in der Deutschland-Ausgabe erhalten Touristen, die hier Urlaub machen, den Tipp, dass Deutsche gerne über Politik und Philosophie reden, während sie Small-Talk überhaupt nicht mögen. Vielleicht sollte das mal jemand den Hunderten Autor*innen von Small-Talk-Ratgebern sagen. Was schwierig sein könnte, weil diese sich ja immer nur über das Wetter unterhalten wollen.

Als studierter Philosoph möchte ich allerdings einschränkend zu bedenken geben, dass Gespräche über Philosophie nicht zwangsläufig ein guter Ersatz sind. Keine Ahnung, woher die Herrschaften von *Lonely Planet* das haben. Aber wenn man in Gelsenkirchen an einer Bushaltestelle während einer längeren Wartezeit einen Wildfremden zur Überbrückung der Stille auf die Wurzeln der transzendentalen Philosophie in Kants *Kritik der reinen Vernunft* anspricht, dann ist die wahrscheinlichste Antwort: »Und wie geht's sonst so?«

* * *

In all dem Gewirr und Gelöte aus Ratgebern zum Thema sollen Sie nun also den richtigen Weg finden, Small Talk zu praktizieren – oder herausfinden, ob Sie eben genau das nicht machen sollten. Ich weiß ja nicht, wie es Ihnen geht, aber ich persönlich lehne beide Varianten ab. Das ist zwar wahnsinnig unlogisch, aber enorm befreiend. Der ganze Druck, den die Ratgeber aufbauen, ist mit einem Mal entwichen, wenn man erst mal einsieht, dass man weder Small Talk machen noch tiefsinnige Gespräche führen muss. Wenn Sie mich fragen, dann sollten Sie all die Ratgeber wegwerfen und einen ganz eigenen Weg finden. Und auch hier führt der Weg heraus aus der Optimierung über die willentliche und konsequente Verschlechterung unseres gesamten Kommunikationsverhaltens.

Der Schlüssel ist wie stets die Pessimierung. Reden Sie so schlecht mit Ihrer Umwelt, wie es nur irgendwie geht. Wie Sie das schaffen können? Halten Sie doch einfach öfter mal die Klappe. Reden Sie doch nicht immer zwanghaft mit jedem dahergelaufenen Passanten, nur weil dieser zufällig durch Ihr Wohnzimmer flaniert. Was geht Sie das an? Was genau wollen Sie denn mit dem besprechen? Gucken Sie doch lieber mal aus dem Fenster. Schönes Wetter heute, oder?

EPILOG

Ich wollte einen lustigen Text schreiben. Es wurde ein sehr viel längerer Weg, als ich dachte. Unterwegs habe ich sehr viel gelernt, unter anderem die heißesten 696 Tipps fürs Schlafzimmer, wie man einen sehr großen Schreibtisch baut oder wie man durch Pessimierung dem Wahn der Leistungsgesellschaft entgehen kann.

Eigentlich sollte es nur eine kleine Satire werden auf das Gespenst, das in Europa umgeht. Es ist der Geist der Selbstoptimierung. Mir waren dabei anfangs gar nicht so sehr die Ratgeber aufgefallen, sondern eher ihre jüngeren Geschwister: Podcasts, Lifehacks, Fitnessarmband-Apps, Tutorials und Bastelanleitungen in Überraschungseiern. Es schien sich dabei um eineiige Fünflinge zu handeln, denn bei näherer Betrachtung waren sie sich überraschend ähnlich. Diese schräge kleine Familie sollte Inhalt meines kleinen Textes werden. Als ich mich dann aber in das Thema einarbeitete und mich auf dem Markt umschaute, stellte ich fest, dass die Familie viel größer war, als ich dachte. Es gibt offensichtlich keinen Lebensbereich mehr, in dem die Menschen sich nicht gegenseitig Ratschläge geben würden. Dabei kassieren sie dafür meist auch noch ein hohes Entgelt.

Und ganz offensichtlich gibt es eine große Anzahl von Menschen, die willens sind, dieses Entgelt zu zahlen. Nicht nur im monetären Sinne, sondern in einer Art demütiger Unterwerfung gegenüber dem Drang zur Optimierung. Wie anders ist es zu erklären, dass sich erwachsene Menschen von einem Armband durch die Gegend scheuchen lassen? Was treibt uns an, unsere gezählten Schritte, ein Foto von unserem Salat oder von unserem neuen Sofa über soziale Netze zu verbreiten, als wären wir von Stolz überwältigt, weil wir Möbel haben, etwas Gesundes essen oder uns tatsächlich bewegen? Warum geben wir großspurig damit an, völlig normale Leute zu sein?

»Guck mal, Gisela! Ich hab eine Hose an! Bin ich nicht der Krasseste?«

»Günther, wir sind hier an Gleis 3 im Hamburger Hauptbahnhof. Jeder hier hat eine Hose an.«

»Ja, aber ich trage sie an den Beinen UND an der Hüfte! Den Tipp hab ich aus einem Ratgeber! Ich bin der Beste! Kniet nieder, ihr Narren! Ich habe das Günther-Power-Prinzip!«

»Günther, hör bitte auf, so rumzubrüllen. Du hast eine Hose an, das haben wir ja alle verstanden.«

»Warum? Ich bin der BESTE! POWER-GÜNTHER! DER HOSENMANN! DER ÜBERMENSCH! ICH BIN DER HOSENKÖNIG DER WELT!«

Ganz normales Gespräch an deutschen Bahnhöfen. Und soziale Medien sind ja im Prinzip nichts anderes als Bahnhöfe und Marktplätze, auf denen alle sich permanent gegenseitig anbrüllen.

Ist das der Grund, warum wir so viele Ratgeber kaufen, so viele Tutorials gucken, so viele Fitness-Apps runterladen? Weil wir uns besser fühlen wollen als andere – und wenn möglich, sogar besser als wir selbst? Weil wir uns aus der eigenen Normalität erheben wollen? Weil wir es nicht aushalten, ganz reguläre, mit Fehlern behaftete, zweifelnde, leidende, unsichere Wesen zu sein?

Wie im Eingangskapitel schon erwähnt: Allein auf dem Buchmarkt machen Ratgeber in Deutschland 1,3 Milliarden Euro Umsatz pro Jahr. Ganz offensichtlich sind die Menschen unzufrieden mit ihrem Ist-Zustand und suchen auf dem Weg zum erträumten Soll-Zustand Orientierung oder wenigstens eine grobe Struktur. Mindestens aber mal jemanden, der laut und aus voller Überzeugung ausruft:

»Das Leben ist schwer, aber mach dir keine Sorgen, mein junger Lehrling. Ich weiß Bescheid, wo es langgeht. Mach einfach genau das, was ich dir sage, dann musst du nicht mehr nachdenken. Wenn du alles richtig machst, wirst du am Ende reich belohnt. Solltest du es aber wagen, es nicht so zu machen, wie ich es dir sage, dann kommst du in die Hölle. Und mit Hölle meine ich, dass du ein paar Gramm mehr Fett am Körper hast als Heidi Klums gephotoshopte Kleiderständerinnen. Die Hölle, das ist eine schlecht eingerichtete Wohnung, ein Essen mit falschen Nährwerten, ein Urlaub in einem nicht trendigen Land oder eine Beziehung, die nicht dem Happy End eines Bollywood-Films entspricht! Die Hölle ist mangelnde Fitness! Die Hölle

ist die falsche Balkonbepflanzung und ein undurch-
dachter Schlafrhythmus! Die Hölle ist es, ein ganz normaler Mensch zu sein! Aber keine Sorge! Ich kann dir
dabei helfen, diese Fehler zu vermeiden!« Man kennt
das ja. Wer würde da nicht mitmachen wollen?

Die schiere Masse der Ratgeber hat mich mindestens sehr überrascht, und einige Auswüchse haben
mich tatsächlich erschreckt. Manches klang gar wie
eine Art Ersatzreligion, anderes fast wie Wissenschaft,
das meiste jedoch einfach nur stumpf. Was treibt uns
an, all diese Bücher zu kaufen? Hassen wir uns selbst
und unsere Fehlbarkeit? Oder ist es letztlich vielleicht
doch nur der Wunsch, das eigene Geld dringend los-
zuwerden? Sind Sie womöglich gar nicht so unzufrieden mit sich und der Welt, sondern wollen nur den
Buchmarkt am Laufen halten?

Dann habe ich eine hervorragende Idee für Sie:
Kaufen Sie sich doch einfach ein Jahr lang überhaupt
keine Ratgeber mehr, sondern belassen Sie es bei diesem
Buch, das Sie jetzt gerade in der Hand halten. Wenn
alle Deutschen sich dieses Buch hier kaufen, kommt
das nach einem Jahr in etwa auch auf die 1,3 Milliarden Euro Umsatz raus. Es bleibt also quasi alles beim
Alten. Nur dass Sie sich nicht mehr von irgendwelchen
Ratgebern stressen lassen müssen, sondern frei sind
und sich ganz der Verschlechterung Ihres Zustandes
widmen können.

Ein bedauerlicher Nebeneffekt davon wäre, dass
ich persönlich unfassbar reich werden würde. Aber
gut, das würde ich auf mich nehmen – für Sie. Ich bin

halt ein Autor mit gesunder Service-Mentalität. Jetzt gucken Sie doch nicht so streng wie ein Sanifair-Bon im Fahrkartenschlitz. Ich hab das alles auch nicht kommen sehen. Ich wollte eigentlich nur einen lustigen Text schreiben.

Aber schauen Sie sich doch mal um: Wie viele Menschen geben Ihnen Ratschläge, und wie vielen Menschen geben Sie Ratschläge? Da herrscht doch ein krasses Ungleichgewicht, das allein schon aus logischen Gründen gar nicht bestehen dürfte. Also arbeiten wir uns ab wie die Lemminge, um ein Gleichgewicht wiederherzustellen, das es so vielleicht niemals gab.

Das klingt sehr widersprüchlich, aber es mag sein, dass genau das der Schlüssel ist: unsere eigene Widersprüchlichkeit. Ich würde dieser These jedenfalls zustimmen und sie abstreiten. Vielleicht wissen wir alle so wenig darüber, wie die Welt funktioniert und was wir damit anstellen sollen, eben weil wir so viel darüber wissen. Vielleicht ist das die Bürde, die man tragen muss, wenn man sich für das klügste Tier hält.

Haben Sie schon mal eine Warzenkröte gesehen, die Selbstzweifel hegt und darum in einem Ratgeber blättert? Kennen Sie persönlich ein Hängebauchschwein, das sich zu dick fühlt und sich darum einen Schrittzähler um das Handgelenk legt? Wissen Sie von einem unglücklichen Kieselstein, der in einem YouTube-Tutorial seine Antworten sucht? Falls Sie jetzt denken, dass ich unverschämt bin, weil ich den Menschen vorwerfe, dümmer zu sein als ein Kieselstein, nur weil sie den Weg zum Glück in einem Ratgeber suchen, liegen Sie exakt richtig. Ich bin definitiv unverschämt.

Und unsere Klugheit und unser Glauben an die eigene Überlegenheit haben uns so stolz und ängstlich und dumm gemacht, dass wir jetzt Bücher lesen, die *21 Pflanzenpersönlichkeiten* heißen, dabei Sürströmming essen und nebenher Ziegen-Yoga machen. Vielleicht liegt der Widerspruch einfach wirklich in uns selbst. Vielleicht sind wir Menschen einfach zutiefst paradoxe Wesen.

Nehmen Sie doch nur einmal die Worte des weisen Propheten Bob Marley:

»Don't worry about a thing,

Cause every little thing is gonna be alright.«

So singt er in voller Lebensfreude im Song »Three little birds«. In einem anderen Song namens »Natural Mystic« hingegen heißt es:

»Many more will have to suffer,

Many more will have to die,

Don't ask me why.«

Ja, was denn nun, Bob? Wird alles gut oder wird alles schlecht? Oder muss ich mir vielleicht doch eine Chaiselongue ins Wohnzimmer stellen und etwas Ballaststoffreiches zu essen bestellen, um ein vollwertiges Leben zu führen? Ich weiß es nicht. Und ich will es auch gar nicht wissen. Ich bin ja auch nur ein schlechter Ratgeber.

Doch es ist an der Zeit, dass wir unsere eigene Ratlosigkeit, unsere Fehlbarkeit und unsere Unfähigkeit annehmen als das, was sie sind: zutiefst menschlich.

Schluss mit dem Leistungswahn, der uns durch die Mangel dreht, bis wir platt und glatt sind – und vor allem nicht mehr wir selbst. Schluss mit der ständigen Optimierung, die uns vorgaukelt, wir könnten ein durchweg gutes, gesundes, erfolgreiches und von Sorgen und Nöten befreites Leben führen. Das würde bedeuten, kein Mensch mehr zu sein.

Vergessen Sie die Ratgeber, Tutorials, Lifehacks, Fitness-Apps, Bucket Lists und Anleitungen: Es gibt kein Rezept für uns selbst. Sie sind doch kein Elsässer Flammkuchen mit laktosefreier Crème fraîche! Also lassen Sie sofort das Dinkelbrötchen fallen, verbrennen Sie Ihre modischen Klamotten und jagen Sie Ihren Traumpartner aus dem Haus. Wenn Sie ehrlich sind, ist all das Glück im Grunde doch eh nichts für Sie.

Nehmen Sie sich einen Locher, machen Sie Konfetti aus all Ihren Ratgebern und feiern Sie Ihr Scheitern. Glauben Sie mir: Nur ein schlechtes Leben ist ein gutes Leben!